AF380100

Rosa Luxemburg

Sozialreform oder Revolution? - Miliz und Militarismus

e-artnow 2018

Carl von Clausewitz
Vom Kriege

Wladimir Iljitsch Lenin
Was tun?

Friedrich Nietzsche
Unzeitgemäße Betrachtungen

Rosa Luxemburg
Kirche und Sozialismus

Immanuel Kant
Träume eines Geistersehers, erläutert durch Träume der Metaphysik

Rosa Luxemburg
Zur russischen Revolution

Karl Marx
Enthüllungen über den Kommunisten-Prozeß zu Köln

Karl Vorländer
Populäre Geschichte der Philosophie

Karl Marx
Zur Kritik der Hegelschen Rechtsphilosophie

Rosa Luxemburg
Der proletarische Massenkampf in Deutschland: Ermattung oder Kampf? + Sozialreform oder Revolution? + Die Theorie und die Praxis + Der Wiederaufbau der Internationale + Was will der Spartakusbund?...

Rosa Luxemburg

Sozialreform oder Revolution? - Miliz und Militarismus

e-artnow, 2018
Kontakt: info@e-artnow.org

ISBN 978-80-268-8558-0

Inhaltsverzeichnis

Sozialreform oder Revolution?

(1899)

Erster Teil

1. Die opportunistische Methode

Wenn Theorien Spiegelbilder der Erscheinungen der Außenwelt im menschlichen Hirn sind, so muß man angesichts der Theorie von Eduard Bernstein hinzufügen – manchmal auf den Kopf gestellte Spiegelbilder. Eine Theorie von der Einführung des Sozialismus durch Sozialreformen – nach dem endgültigen Einschlafen der deutschen Sozialreform, von der Kontrolle der Gewerkschaften über den Produktionsprozeß – nach der Niederlage der englischen Maschinenbauer, von der sozialdemokratischen Parlamentsmehrheit – nach der sächsischen Verfassungsrevision und den Attentaten auf das allgemeine Reichstagswahlrecht! Allein der Schwerpunkt der Bernsteinschen Ausführungen liegt unseres Erachtens nicht in seinen Ansichten über die praktischen Aufgaben der Sozialdemokratie, sondern in dem, was er über den Gang der objektiven Entwicklung der kapitalistischen Gesellschaft sagt, womit jene Ansichten freilich im engsten Zusammenhange stehen.

Nach Bernstein wird ein allgemeiner Zusammenbruch des Kapitalismus mit dessen Entwicklung immer unwahrscheinlicher, weil das kapitalistische System einerseits immer mehr Anpassungsfähigkeit zeigt, andererseits die Produktion sich immer mehr differenziert. Die Anpassungsfähigkeit des Kapitalismus äußert sich nach Bernstein erstens in dem Verschwinden der allgemeinen *Krisen,* dank der Entwicklung des Kreditsystems, der Unternehmerorganisationen und des Verkehrs sowie des Nachrichtendienstes, zweitens in der Zähigkeit des Mittelstandes infolge der beständigen Differenzierung der Produktionszweige sowie der Hebung großer Schichten des Proletariats in den Mittelstand, drittens endlich in der ökonomischen und politischen Hebung der Lage des Proletariats infolge des Gewerkschaftskampfes.

Für den praktischen Kampf der Sozialdemokratie ergibt sich daraus die allgemeine Weisung, daß sie ihre Tätigkeit nicht auf die Besitzergreifung der politischen Staatsmacht, sondern auf die Hebung der Lage der Arbeiterklasse und auf die Einführung des Sozialismus, nicht durch eine soziale und politische Krise, sondern durch eine schrittweise Erweiterung der gesellschaftlichen Kontrolle und eine stufenweise Durchführung des Genossenschaftlichkeitsprinzips zu richten habe.

Bernstein selbst sieht in seinen Ausführungen nichts Neues, er meint vielmehr, daß sie ebenso mit einzelnen Äußerungen von Marx und Engels, wie mit der allgemeinen bisherigen Richtung der Sozialdemokratie übereinstimmen. Es läßt sich indes unseres Erachtens schwerlich leugnen, daß die Auffassung Bernsteins tatsächlich mit dem Gedankengang des wissenschaftlichen Sozialismus in grundsätzlichem Widerspruche steht.

Würde sich die ganze Bernsteinsche Revision dahin zusammenfassen, daß der Gang der kapitalistischen Entwicklung ein viel langsamerer ist, als man anzunehmen sich gewöhnt hat, so bedeutete dies in der Tat bloß eine *Aufschiebung* der bis jetzt angenommenen politischen Machtergreifung seitens des Proletariats, woraus praktisch höchstens etwa ein ruhigeres Tempo des Kampfes gefolgert werden könnte.

Dies ist aber nicht der Fall. Was Bernstein in Frage gestellt hat, ist nicht die Rapidität der Entwicklung, sondern der Entwicklungsgang selbst der kapitalistischen Gesellschaft und im Zusammenhang damit der Übergang zur sozialistischen Ordnung.

Wenn die bisherige sozialistische Theorie annahm, der Ausgangspunkt der sozialistischen Umwälzung würde eine allgemeine und vernichtende Krise sein, so muß man, unseres Erachtens, dabei zweierlei unterscheiden: den darin verborgenen Grundgedanken und dessen äußere Form.

Der Gedanke besteht in der Annahme, die kapitalistische Ordnung würde von sich aus, kraft eigener Widersprüche den Moment zeitigen, wo sie aus den Fugen geht, wo sie einfach unmöglich wird. Daß man sich diesen Moment in der Form einer allgemeinen und erschütternden Handelskrise dachte, hatte gewiß seine guten Gründe, bleibt aber nichtsdestoweniger für den Grundgedanken unwesentlich und nebensächlich.

Die wissenschaftliche Begründung des Sozialismus stützt sich nämlich bekanntermaßen auf *drei* Ergebnisse der kapitalistischen Entwicklung: vor allem auf die wachsende *Anarchie* der kapitalistischen Wirtschaft, die ihren Untergang zu unvermeidlichem Ergebnis macht, zweitens auf die fortschreitende *Vergesellschaftung* des Produktionsprozesses, die die positiven Ansätze der künftigen sozialen Ordnung schafft, und drittens auf die wachsende *Organisation* und *Klassenerkenntnis* des Proletariats, das den aktiven Faktor der bevorstehenden Umwälzung bildet.

Es ist der *erste* der genannten Grundpfeiler des wissenschaftlichen Sozialismus, den Bernstein beseitigt. Er behauptet nämlich, die kapitalistische Entwicklung gehe nicht einem allgemeinen wirtschaftlichen Krach entgegen.

Er verwirft aber damit nicht bloß die bestimmte Form des kapitalistischen Untergangs, sondern diesen Untergang selbst. Er sagt ausdrücklich:

> Es könnte nun erwidert werden, daß, wenn man von dem Zusammenbruch der gegenwärtigen Gesellschaft spricht, man dabei mehr im Auge hat, als eine verallgemeinerte und gegen früher verstärkte Geschäftskrisis, nämlich einen totalen Zusammenbruch des kapitalistischen Systems an seinen eigenen Widersprüchen.

Und darauf antwortet er:

> Ein annähernd gleichzeitiger völliger Zusammenbruch des gegenwärtigen Produktionssystems wird mit der fortschreitenden Entwicklung der Gesellschaft nicht wahrscheinlicher, sondern unwahrscheinlicher, weil dieselbe auf der einen Seite die Anpassungsfähigkeit, auf der anderen – bzw. zugleich damit – die Differenzierung der Industrie steigert.

Dann entsteht aber die große Frage: Warum und wie gelangen wir überhaupt noch zum Endziel unserer Bestrebungen? Vom Standpunkte des wissenschaftlichen Sozialismus äußert sich die historische Notwendigkeit der sozialistischen Umwälzung vor allem in der wachsenden Anarchie des kapitalistischen Systems, die es auch in eine ausweglose Sackgasse drängt. Nimmt man jedoch mit Bernstein an, die kapitalistische Entwicklung gehe nicht in der Richtung zum eigenen Untergang, dann hört der Sozialismus auf, *objektiv notwendig zu sein*. Von den Grundsteinen seiner wissenschaftlichen Begründung bleiben dann nur noch die beiden anderen Ergebnisse der kapitalistischen Ordnung: der vergesellschaftete Produktionsprozeß und das Klassenbewußtsein des Proletariats. Dies hat auch Bernstein im Auge, als er sagt:

> Die sozialistische Gedankenwelt verliert durchaus nichts an überzeugender Kraft. Denn genauer zugesehen, was sind denn alle die von uns aufgezählten Faktoren der Beseitigung oder Modifizierung der alten Krisen? Alles Dinge, die gleichzeitig Voraussetzungen und zum Teil sogar Ansätze der Vergesellschaftung von Produktion und Austausch darstellen.

Indes genügt eine kurze Betrachtung, um auch dies als einen Trugschluß zu erweisen. Worin besteht die Bedeutung der von Bernstein als kapitalistisches Anpassungsmittel bezeichneten Erscheinungen: der Kartelle, des Kredits, der vervollkommneten Verkehrsmittel, der Hebung der Arbeiterklasse usw. Offenbar darin, daß sie die inneren Widersprüche der kapitalistischen Wirtschaft beseitigen oder wenigstens abstumpfen, ihre Entfaltung und Verschärfung verhindern. So bedeutet die Beseitigung der Krisen die Aufhebung des Widerspruchs zwischen Produktion und Austausch auf kapitalistischer Basis, so bedeutet die Hebung der Lage der Arbeiterklasse teils als solcher, teils in den Mittelstand, die Abstumpfung des Widerspruchs zwischen Kapital und Arbeit. Indem somit die Kartelle, das Kreditwesen, die Gewerkschaften usw. die kapitalistischen Widersprüche aufheben, also das kapitalistische System vom Untergang retten, den Kapitalismus konservieren – deshalb nennt sie ja Bernstein „Anpassungsmittel" – wie können sie zu gleicher Zeit ebenso viele „Voraussetzungen und zum Teil sogar Ansätze" zum Sozialismus darstellen? Offenbar nur in dem sinne, daß sie den gesellschaftlichen Charakter der Produktion stärker zum Ausdruck bringen. Aber indem sie ihn in seiner kapitalistischen Form konservieren, machen sie umgekehrt den Übergang dieser vergesellschafteten Produktion in die sozialistische Form in demselben Maße überflüssig. Sie können daher Ansätze und Voraussetzungen der sozialistischen Ordnung bloß in begrifflichem und nicht in historischem Sinne darstellen, d. h. Erscheinungen, von denen wir auf Grund unserer Vorstellung vom Sozialismus wissen, daß sie mit ihm verwandt sind, die aber tatsächlich die sozialistische Umwälzung nicht nur nicht herbeiführen, sondern sie vielmehr überflüssig machen. Bleibt dann als Begründung des Sozialismus bloß das Klassenbewußtsein des Proletariats. Aber auch dieses ist gegebenenfalls nicht der einfache geistige Widerschein der sich immer mehr zuspitzenden Widersprüche des Kapitalismus und seines bevorstehenden Untergangs – dieser ist ja verhütet durch die Anpassungsmittel –, sondern ein bloßes Ideal, dessen Überzeugungskraft auf seinen eigenen ihm zugedachten Vollkommenheiten beruht.

Mit einem Wort, was wir auf diesem Wege erhalten, ist eine Begründung des sozialistischen Programms durch „reine Erkenntnis" das heißt, einfach gesagt, eine idealistische Begründung, während die objektive Notwendigkeit, das heißt die Begründung durch den Gang der materiellen gesellschaftlichen Entwicklung, dahinfällt. Die revisionistische Theorie steht vor einem Entweder – Oder. Entweder folgt die sozialistische Umgestaltung nach wie vor aus den inneren Widersprüchen der kapitalistischen Ordnung, dann entwickeln sich mit dieser Ordnung auch ihre Widersprüche und ein Zusammenbruch in dieser oder jener Form ist in irgendeinem Zeitpunkt das unvermeidliche Ergebnis, dann sind aber auch die „Anpassungsmittel" unwirksam und die Zusammenbruchstheorie richtig. Oder die Anpassungsmittel sind wirklich imstande, einem Zusammenbruch des kapitalistischen Systems vorzubeugen, also dem Kapitalismus existenzfähig machen, also seine Widersprüche aufheben, dann hört der *Sozialismus* auf, eine historische Notwendigkeit zu sein, und er ist dann alles, was man will, nur nicht ein Ergebnis der materiellen Entwicklung der Gesellschaft. Dieses Dilemma läuft auf ein anderes hinaus: entweder hat der Revisionismus in bezug auf den Gang der kapitalistischen Entwicklung recht, dann verwandelt sich die sozialistische Umgestaltung der Gesellschaft in eine Utopie, oder der Sozialismus ist keine Utopie, dann muß aber die Theorie der „Anpassungsmittel" nicht stichhaltig sein. That is the question, das ist die Frage.

2. Anpassung des Kapitalismus

Die wichtigsten Mittel, die nach Bernstein die Anpassung der kapitalistischen Wirtschaft herbeiführen, sind das Kreditwesen, die verbesserten Verkehrsmittel und die Unternehmerorganisationen.

Um beim *Kredit* anzufangen, so hat er in der kapitalistischen Wirtschaft mannigfaltige Funktionen, seine wichtigste besteht aber bekanntlich in der Vergrößerung der Ausdehnungsfähigkeit der Produktion und in der Vermittlung und Erleichterung des Austausches. Da, wo die innere Tendenz der kapitalistischen Produktion zur grenzenlosen Ausdehnung auf die Schranken des Privateigentums, den beschränkten Umfang des Privatkapitals stößt, da stellt sich der Kredit als das Mittel ein, in kapitalistischer Weise diese Schranken zu überwinden, viele Privatkapitale zu einem zu verschmelzen – Aktiengesellschaften – und einem Kapitalisten die Verfügung über fremdes Kapital zu gewähren – industrieller Kredit. Andererseits beschleunigt er als kommerzieller Kredit den Austausch der Waren, also den Rückfluß des Kapitals zur Produktion, also den ganzen Kreislauf des Produktionsprozesses. Die Wirkung, die diese beiden wichtigsten Funktionen des Kredits auf die Krisenbildung haben, ist leicht zu übersehen. Wenn die Krisen, wie bekannt, aus dem Widerspruch zwischen der Ausdehnungsfähigkeit, Ausdehnungstendenz der Produktion und der beschränkten Konsumtionsfähigkeit entstehen, so ist der Kredit nach dem obigen so recht das spezielle Mittel, diesen Widerspruch so oft als möglich zum Ausbruch zu bringen. Vor allem steigert er die Ausdehnungsfähigkeit der Produktion ins Ungeheure und bildet die innere Triebkraft, sie beständig über die Schranken des Marktes hinauszutreiben. Aber er schlägt auf zwei Seiten. Hat er einmal als Faktor des Produktionsprozesses die Überproduktion mit heraufbeschworen, so schlägt er während der Krise in seiner Eigenschaft als Vermittler des Warenaustausches die von ihm selbst wachgerufenen Produktivkräfte um so gründlicher zu Boden. Bei den ersten Anzeichen der Stockung schrumpft der Kredit zusammen, läßt den Austausch im Stich da, wo er notwendig wäre, erweist sich als wirkungs und zwecklos da, wo er sich noch bietet, und verringert so während der Krise die Konsumtionsfähigkeit auf das Mindestmaß.

Außer diesen beiden wichtigsten Ergebnissen wirkt der Kredit in bezug auf die Krisenbildung noch mannigfach. Er bietet nicht nur das technische Mittel, einem Kapitalisten die Verfügung über fremde Kapitale in die Hand zu geben, sondern bildet für ihn zugleich den Sporn zu einer kühnen und rücksichtslosen Verwendung des fremden Eigentums, also zu waghalsigen Spekulationen. Er verschärft nicht nur als heimtückisches Mittel des Warenaustausches die Krise, sondern erleichtert ihr Eintreten und ihre Verbreitung, indem er den ganzen Austausch in eine äußerst zusammengesetzte und künstliche Maschinerie mit einem Mindestmaß Metallgeld als reeller Grundlage verwandelt und so ihre Störung bei geringstem Anlaß herbeiführt.

So ist der Kredit, weit entfernt, ein Mittel zur Beseitigung oder auch nur zur Linderung der Krisen zu sein, ganz im Gegenteil ein besonderer mächtiger Faktor der Krisenbildung. Und das ist auch gar nicht anders möglich. Die spezifische Funktion des Kredits ist – ganz allgemein ausgedrückt – doch nichts anderes, als den Rest von Standfestigkeit aus allen kapitalistischen Verhältnissen zu verbannen und überall die größtmögliche Elastizität hineinzubringen, alle kapitalistischen Kräfte in höchstem Maße dehnbar, relativ und empfindlich zu machen. Daß damit die Krisen, die nichts anderes als der periodische Zusammenstoß der einander widerstrebenden Kräfte der kapitalistischen Wirtschaft sind, nur erleichtert und verschärft werden können, liegt auf der Hand.

Dies führt uns aber zugleich auf die andere Frage, wie der Kredit überhaupt als ein „Anpassungsmittel" des Kapitalismus erscheinen kann. In welcher Beziehung und in welcher Gestalt immer die „Anpassung" mit Hilfe des Kredits gedacht wird, ihr Wesen kann offenbar nur darin bestehen, daß irgendein gegensätzliches Verhältnis der kapitalistischen Wirtschaft ausgeglichen, irgendeiner ihrer Widersprüche aufgehoben oder abgestumpft und so den eingeklemmten Kräften auf irgendeinem Punkte freier Spielraum gewährt wird. Wenn es indes ein Mittel in der heutigen kapitalistischen Wirtschaft gibt, alle ihre Widersprüche aufs höchste zu steigern, so ist es gerade der Kredit. Er steigert den Widerspruch zwischen *Produktionsweise* und *Austauschweise,* indem er die Produktion aufs höchste anspannt, den Austausch aber bei geringstem Anlaß lahmlegt. Er steigert den Widerspruch zwischen *Produktions* und *Aneignungsweise,* indem er die Produktion vom Eigentum trennt, indem er das Kapital in der Produktion in ein gesellschaftliches, einen Teil des Profits aber in die Form des Kapitalzinses, also in einen reinen Eigentumstitel verwandelt. Er steigert den Widerspruch zwischen den *Eigentums* und *Produktions*verhältnissen, indem er durch Enteignung vieler kleiner Kapitalisten in wenigen Händen ungeheure Produktivkräfte vereinigt. Er steigert den Widerspruch zwischen dem *gesellschaftlichen* Charakter der Produktion und dem kapitalistischen *Privateigentum,* indem er die Einmischung des Staates in die Produktion (Aktiengesellschaft) notwendig macht.

Mit einem Wort, der Kredit reproduziert alle kardinalen Widersprüche der kapitalistischen Welt, er treibt sie auf die Spitze, er beschleunigt den Gang, in dem sie ihrer eigenen Vernichtung – dem Zusammenbruch – entgegeneilt. Das erste Anpassungsmittel für den Kapitalismus in bezug auf den Kredit müßte also darin bestehen, den Kredit *abzuschaffen,* ihn rückgängig zu machen. So wie er ist, bildet er nicht ein Anpassungs, sondern ein Vernichtungsmittel von höchst revolutionärer Wirkung. Hat doch eben dieser revolutionäre, über den Kapitalismus selbst hinausführende Charakter des Kredits sogar zu sozialistisch angehauchten Reformplänen verleitet, und große Vertreter des Kredits, wie den Isaac Péreire in Frankreich, wie Marx sagt, halb als Propheten, halb als Lumpen erscheinen lassen.

Ebenso hinfällig erweist sich nach näherer Betrachtung das zweite „Anpassungsmittel" der kapitalistischen Produktion – die *Unternehmerverbände.* Nach Bernstein sollen sie durch die Regulierung der Produktion der Anarchie Einhalt tun und Krisen vorbeugen. Die Entwicklung der Kartelle und Trusts ist freilich in ihren vielseitigen ökonomischen Wirkungen noch nicht erforschte Erscheinung. Sie bildet erst ein Problem, das nur an der Hand der Marxschen Lehre gelöst werden kann. Allein, soviel ist auf jeden Fall klar: von einer Eindämmung der kapitalistischen Anarchie durch die Unternehmerkartelle könnte nur in dem Maße die Rede sein, als die Kartelle, Trusts usw. annähernd zu einer allgemeinen, herrschenden Produktionsform werden sollten. Allein gerade dies ist durch die Natur der Kartelle selbst ausgeschlossen. Der schließliche ökonomische Zweck und die Wirkung der Unternehmerverbände bestehen darin, durch den Ausschluß der Konkurrenz innerhalb einer Branche auf die Verteilung der auf dem Warenmarkt erzielten Profitmasse so einzuwirken, daß sie den Anteil dieses Industriezweiges an ihr steigern. Die Organisation kann in einem Industriezweig nur auf Kosten der anderen die Profitrate heben, und deshalb kann sie eben unmöglich allgemein werden. Ausgedehnt auf alle wichtigeren Produktionszweige hebt sie ihre Wirkung selbst auf.

Aber auch in den Grenzen ihrer praktischen Anwendung wirken die Unternehmerverbände gerade entgegengesetzt der Beseitigung der industriellen Anarchie. Die bezeichnete Steigerung der Profitrate erzielen die Kartelle auf dem inneren Markte in der Regel dadurch, daß sie die zuschüssigen Kapitalportionen, die sie für den inneren Bedarf nicht verwenden können, für das Ausland mit einer viel niedrigeren Profitrate produzieren lassen, d. h. ihre Waren im Auslande viel billiger verkaufen als im eigenen Lande. Das Ergebnis ist die verschärfte Konkurrenz im Auslande, die vergrößerte Anarchie auf dem Weltmarkt, d. h. gerade das Umgekehrte von dem, was erzielt werden will. Ein Beispiel davon bietet die Geschichte der internationalen Zuckerindustrie.

Endlich im ganzen als Erscheinungsform der kapitalistischen Produktionsweise dürfen die Unternehmerverbände wohl nur als ein Übergangsstadium, als eine bestimmte Phase der kapitalistischen Entwicklung aufgefaßt werden. In der Tat! In letzter Linie betrachtet, sind die Kartelle eigentlich ein Mittel der kapitalistischen Produktionsweise, den fatalen Fall der Profitrate in einzelnen Produktionszweigen aufzuhalten. Welches ist aber die Methode, der sich die Kartelle zu diesem Zwecke bedienen? Im Grunde genommen ist es nichts anderes als die Brachlegung eines Teils des akkumulierten Kapitals, d. h. dieselbe Methode, die in einer anderen Form, in den Krisen zur Anwendung kommt. Ein solches Heilmittel gleicht aber der Krankheit wie ein Ei dem anderen, und kann nur bis zu einem gewissen Zeitpunkt als das kleinere Übel gelten. Beginnt der Absatzmarkt sich zu verringern, indem der Weltmarkt bis aufs äußerste ausgebildet und durch die konkurrierenden kapitalistischen Länder erschöpft wird – und der frühere oder spätere Eintritt eines solchen Moments kann offenbar nicht geleugnet werden –, dann nimmt auch die erzwungene teilweise Brachlegung des Kapitals einen solchen Umfang an, daß die Arznei selbst in Krankheit umschlägt und das bereits durch die Organisation stark vergesellschaftete Kapital sich in privates rückverwandelt. Bei dem verringerten Vermögen, auf dem Absatzmarkt ein Plätzchen für sich zu finden, zieht jede private Kapitalportion vor, auf eigene Faust das Glück zu probieren. Die Organisationen müssen dann wie Seifenblasen platzen und wieder einer freien Konkurrenz in potenzierter Form Platz machen.

Im ganzen erscheinen also auch die Kartelle, ebenso wie der Kredit, als bestimmte Entwicklungsphasen, die in letzter Linie die Anarchie der kapitalistischen Welt nur noch vergrößern und alle ihre inneren Widersprüche zum Ausdruck und zur Reife bringen. Sie verschärfen den Widerspruch zwischen der Produktionsweise und der Austauschweise, indem sie den Kampf zwischen den Produzenten und den Konsumenten auf die Spitze treiben, wie wir dies besonders in den Vereinigten Staaten Amerikas erleben. Sie verschärfen ferner den Widerspruch zwischen der Produktions und der Aneignungsweise, indem sie der Arbeiterschaft die Übermacht des organisierten Kapitals in brutalster Form entgegenstellen und so den Gegensatz zwischen Kapital und Arbeit aufs äußerste steigern.

Sie verschärfen endlich den Widerspruch zwischen dem internationalen Charakter der kapitalistischen Weltwirtschaft und dem nationalen Charakter des kapitalistischen Staates, indem sie zur Begleiterscheinung einen allgemeinen Zollkrieg haben und so die Gegensätze zwischen den einzelnen kapitalistischen Staaten auf die Spitze treiben. Dazu kommt die direkte, höchst revolutionäre Wirkung der Kartelle auf die Konzentration der Produktion, technische Vervollkommnung usw.

So erscheinen die Kartelle und Trusts in ihrer endgültigen Wirkung auf die kapitalistische Wirtschaft nicht nur als kein „Anpassungsmittel", das ihre Widersprüche verwischt, sondern geradezu als eines der Mittel, die sie selbst zur Vergrößerung der eigenen Anarchie, zur Austragung der in ihr enthaltenen Widersprüche, zur Beschleunigung des eigenen Unterganges geschaffen hat.

Allein, wenn das Kreditwesen, die Kartelle und dergleichen die Anarchie der kapitalistischen Wirtschaft nicht beseitigen, wie kommt es, daß wir zwei Jahrzehnte lang – seit 1873 – keine allgemeine Handelskrise hatten? Ist das nicht ein Zeichen, daß sich die kapitalistische Produktionsweise wenigstens in der Hauptsache an die Bedürfnisse der Gesellschaft tatsächlich „angepaßt" und die von Marx gegebene Analyse überholt hat? Die Antwort folgte der Frage auf dem Fuße. Kaum hatte Bernstein 1898 die Marxsche Krisentheorie zum alten Eisen geworfen, als im Jahre 1900 eine allgemeine heftige Krise ausbrach und sieben Jahre später, 1907, eine erneute Krise von den Vereinigten Staaten aus über den Weltmarkt gezogen kam. So war durch lautsprechende Tatsachen selbst die Theorie von der „Anpassung" des Kapitalismus zu Boden geschlagen. Zugleich war es damit erwiesen, daß diejenigen, die die Marxsche Krisentheorie, nur weil sie in zwei angeblichen „Verfallsterminen" versagt hatte, preisgaben, den Kern dieser Theorie mit einer unwesentlichen äußeren Einzelheit ihrer Form mit dem zehnjährigen Zyklus verwechselten. Die Formulierung des Kreislaufs der modernen kapitalistischen Industrie als einer zehnjährigen Periode war aber bei Marx und Engels in den 60er und 70er Jahren eine einfache Konstatierung der Tatsachen, die ihrerseits nicht auf irgendwelchen Naturgesetzen, sondern auf einer Reihe bestimmter geschichtlicher Umstände beruhten, die mit der sprungweisen Ausdehnung der Wirkungssphäre des jungen Kapitalismus in Verbindung standen.

In der Tat, die Krise von 1825 war ein Resultat der großen Anlagen bei Straßenbauten, Kanälen und Gaswerken, die in dem vorhergehenden Jahrzehnt, vorzüglich in England, wie auch die Krise selbst, stattgefunden haben. Die folgende Krise 1836-1839 war gleichfalls ein Ergebnis kolossaler Gründungen bei der Anlage neuer Transportmittel. Die Krise von 1847 ist bekanntlich durch die fieberhaften englischen Eisenbahngründungen heraufbeschworen worden (1844-1847, d. h. in drei Jahren allein wurden vom Parlament neue Eisenbahnen für etwa 1½ Milliarden

Taler konzessioniert!). In allen drei Fällen sind es also verschiedene Formen der Neukonstituierung der Wirtschaft des Kapitals, der Grundlegung neuer Fundamente unter die kapitalistische Entwicklung, die die Krisen im Gefolge hatten. Im Jahre 1857 sind es die plötzliche Eröffnung neuer Absatzmärkte für die europäische Industrie in Amerika und Australien infolge der Entdeckung von Goldminen, in Frankreich speziell die Eisenbahngründungen, in denen es in Englands Fußstapfen trat (1852-56 wurden für 1¼ Milliarden Franken neue Eisenbahnen in Frankreich gegründet). Endlich die große Krise von 1873 ist bekanntlich eine direkte Folge der Neukonstituierung, des ersten Sturmlaufs der Großindustrie in Deutschland und in Österreich, die den politischen Ereignissen von 1866 und 1871 folgte.

Es war also jedesmal die plötzliche *Erweiterung* des Gebiets der kapitalistischen Wirtschaft und nicht die *Einengung* ihres Spielraums, nicht ihre Erschöpfung, die bisher den Anlaß zu Handelskrisen gab. Daß jene internationalen Krisen sich gerade alle zehn Jahre wiederholten, ist an sich eine rein äußerliche, zufällige Erscheinung. Das Marxsche Schema der Krisenbildung, wie Engels es in dem AntiDühring und Marx im 1. und 3. Band des Kapitals gegeben haben, trifft auf alle Krisen insofern zu, als es ihren *inneren Mechanismus* und ihre tiefliegenden *allgemeinen Ursachen* aufdeckt, mögen sich diese Krisen alle 10, alle 5, oder abwechselnd alle 20 Jahre und alle 8 Jahre wiederholen. Was aber die Bernsteinsche Theorie am schlagendsten ihrer Unzulänglichkeit überführt, ist die Tatsache, daß die jüngste Krise im Jahre 1907/08 am heftigsten gerade in jenem Lande wütete, wo die famosen kapitalistischen „Anpassungsmittel": der Kredit, der Nachrichtendienst und die Trusts am meisten ausgebildet sind.

Überhaupt setzt die Annahme, die kapitalistische Produktion könnte sich dem Austausch „anpassen", eins von beiden voraus: entweder, daß der Weltmarkt unumschränkt und ins Unendliche wächst, oder umgekehrt, daß die Produktivkräfte in ihrem Wachstum gehemmt werden, damit sie nicht über die Marktschranken hinauseilen. Ersteres ist eine physische Unmöglichkeit, letzterem steht die Tatsache entgegen, daß auf Schritt und Tritt technische Umwälzungen auf allen Gebieten der Produktion vor sich gehen und jeden Tag neue Produktivkräfte wachrufen.

Noch eine Erscheinung widerspricht nach Bernstein dem bezeichneten Gang der kapitalistischen Dinge: die „schier unerschütterliche Phalanx" der Mittelbetriebe, auf die er hinweist. Er sieht darin ein Zeichen, daß die großindustrielle Entwicklung nicht so revolutionierend und konzentrierend wirkt, wie es nach der „Zusammenbruchstheorie" hätte erwartet werden müssen. Allein er wird auch hier Opfer des eigenen Mißverständnisses. Es hieße in der Tat die Entwicklung der Großindustrie ganz falsch auffassen, wenn man erwarten würde, es sollten dabei die Mittelbetriebe stufenweise von der Oberfläche *verschwinden*.

In dem allgemeinen Gange der kapitalistischen Entwicklung spielen gerade nach der Annahme von Marx die Kleinkapitale die Rolle der Pioniere der technischen Revolution, und zwar in doppelter Hinsicht, ebenso in bezug auf neue Produktionsmethoden in alten und befestigten, fest eingewurzelten Branchen, wie auch in bezug auf Schaffung neuer, von großen Kapitalien noch gar nicht exploitierter Produktionszweige. Vollkommen falsch ist die Auffassung, als ginge die Geschichte des kapitalistischen Mittelbetriebes in gerader Linie abwärts zum stufenweisen Untergang. Der tatsächliche Verlauf der Entwicklung ist vielmehr auch hier rein dialektisch und bewegt sich beständig zwischen Gegensätzen. Der kapitalistische Mittelstand befindet sich ganz wie die Arbeiterklasse unter dem Einfluß zweier entgegengesetzter Tendenzen, einer ihn erhebenden und einer ihn herabdrückenden Tendenz. Die herabdrückende Tendenz ist gegebenenfalls das beständige Steigen der Stufenleiter der Produktion, welche den Umfang der Mittelkapitale periodisch überholt und sie so immer wieder aus dem Wettkampf herausschleudert. Die hebende Tendenz ist die periodische Entwertung des vorhandenen Kapitals, die die Stufenleiter der Produktion – *dem Werte* des notwendigen Kapitalminimums nach – immer wieder für eine Zeitlang senkt, sowie das Eindringen der kapitalistischen Produktion in neuen Sphären. Der Kampf des Mittelbetriebes mit dem Großkapital ist nicht als eine regelmäßige Schlacht zu denken, wo der Trupp des schwächeren Teiles direkt und quantitativ immer mehr zusammenschmilzt, sondern vielmehr als ein periodisches Abmähen der Kleinkapitale, die dann immer wieder rasch aufkommen, um von neuem durch die Sense der Großindustrie abgemäht zu werden. Von den beiden Tendenzen, die mit dem kapitalistischen Mittelstand Fangball spielen, siegt in letzter Linie – im Gegensatz zu der Entwicklung der Arbeiterklasse – die *herabdrückende* Tendenz. Dies braucht sich aber durchaus nicht in der absoluten zahlenmäßigen Abnahme der Mittelbetriebe zu äußern, sondern erstens in dem allmählich steigenden Kapitalminimum, das zum existenzfähigen Betriebe in den alten Branchen nötig ist, zweitens in der immer kürzeren Zeitspanne, während der sich Kleinkapitale der Exploitation neuer Branchen auf eigene Hand erfreuen. Daraus folgt für das *individuelle* Kleinkapital eine immer kürzere Lebensfrist und ein immer rascherer Wechsel der Produktionsmethoden wie der Anlagearten, und für die *Klasse im ganzen* ein immer rascherer sozialer Stoffwechsel.

Letzteres weiß Bernstein sehr gut, und er stellt es selbst fest. Was er aber zu vergessen scheint, ist, daß damit das Gesetz selbst der Bewegung der kapitalistischen Mittelbetriebe gegeben ist. Sind die Kleinkapitale einmal die Vorkämpfer des technischen Fortschrittes, und ist der technische Fortschritt der Lebenspulsschlag der kapitalistischen Wirtschaft, so bilden offenbar die Kleinkapitale eine unzertrennliche Begleiterscheinung der kapitalistischen Entwicklung, die erst mit ihr zusammen verschwinden kann. Das stufenweise Verschwinden der Mittelbetriebe – im Sinne der absoluten summarischen Statistik, um die es sich bei Bernstein handelt – würde bedeuten, nicht wie Bernstein meint, den revolutionären Entwicklungsgang des Kapitalismus, sondern gerade umgekehrt eine Stockung, Einschlummerung des letzteren. „Die Profitrate, d. h. der verhältnismäßige Kapitalzuwachs ist vor allem wichtig für alle neuen, sich selbständig gruppierenden Kapitalableger. Und sobald die Kapitalbildung ausschließlich in die Hände einiger wenigen fertigen Großkapitale fiele, ... wäre überhaupt das belebende Feuer der Produktion erloschen. *Sie würde einschlummern.*"

3. Einführung des Sozialismus durch soziale Reformen

Bernstein verwirft die „Zusammenbruchstheorie" als den historischen Weg zur Verwirklichung der sozialistischen Gesellschaft. Welches ist der Weg, der vom Standpunkte der „Anpassungs-theorie des Kapitalismus" dazu führt? Bernstein hat diese Frage nur andeutungsweise beant-wortet, den Versuch, sie ausführlicher im Sinne Bernsteins darzustellen, hat Konrad Schmidt gemacht. Nach ihm wird „der gewerkschaftliche Kampf und der politische Kampf um soziale Reformen eine immer weiter erstreckte gesellschaftliche Kontrolle über die Produktionsbedin-gungen" herbeiführen und durch die Gesetzgebung „den Kapitaleigentümer durch Beschrän-kung seiner Rechte mehr und mehr in die Rolle eines Verwalters herabdrücken" bis schließlich „dem mürbe gemachten Kapitalisten, der seinen Besitz immer wertloser für sich selbst werden sieht, die Leitung und Verwaltung des Betriebes abgenommen" und so endgültig der gesell-schaftliche Betrieb eingeführt wird.

Also Gewerkschaften, soziale Reformen und noch, wie Bernstein hinzufügt, die politische Demokratisierung des Staates, das sind Mittel der allmählichen Einführung des Sozialismus.

Um bei den Gewerkschaften anzufangen, so besteht ihre wichtigste Funktion – und niemand hat es besser dargetan als Bernstein selbst im Jahre 1891 in der Neuen Zeit – darin, daß sie auf seiten der Arbeiter das Mittel sind, das kapitalistische Lohngesetz, d. h. den Verkauf der Ar-beitskraft nach ihrem jeweiligen Marktpreis, zu verwirklichen. Worin die Gewerkschaften dem Proletariat dienen, ist, die in jedem Zeitpunkte gegebenen Konjunkturen des Marktes für sich auszunutzen. Diese Konjunkturen selbst aber, d. h. einerseits die von dem Produktionsstand be-dingte Nachfrage nach Arbeitskraft, andererseits das durch Proletarisierung der Mittelschichten und natürliche Fortpflanzung der Arbeiterklasse geschaffene Angebot der Arbeitskraft, endlich auch der jeweilige Grad der Produktivität der Arbeit, liegen außerhalb der Einwirkungssphäre der Gewerkschaften. Sie können deshalb das Lohngesetz nicht umstürzen; sie können im besten Falle die kapitalistische Ausbeutung in die jeweilig „normalen" Schranken weisen, keineswegs aber die Ausbeutung selbst stufenweise aufheben.

Konrad Schmidt nennt freilich die jetzige gewerkschaftliche Bewegung „schwächliche An-fangsstadien" und verspricht sich von der Zukunft, daß „das Gewerkschaftswesen auf die Regu-lierung der Produktion selbst einen immer steigenden Einfluß gewinnt". Unter der Regulierung der Produktion kann man aber nur zweierlei verstehen: die Einmischung in die technische Seite des Produktionsprozesses und die Bestimmung des Umfangs der Produktion selbst. Welcher Natur kann in diesen beiden Fragen die Einwirkung der Gewerkschaften sein? Es ist klar, daß, was die Technik der Produktion betrifft, das Interesse des Kapitalisten mit dem Fortschritt und der Entwicklung der kapitalistischen Wirtschaft in gewissen Grenzen zusammenfällt. Es ist die eigene Not, die ihn zu technischen Verbesserungen anspornt. Die Stellung des einzelnen Arbei-ters hingegen ist gerade entgegengesetzt: jede technische Umwälzung widerstreitet den Interes-sen der direkt dadurch berührten Arbeiter und verschlechtert ihre unmittelbare Lage, indem sie die Arbeitskraft entwertet, die Arbeit intensiver, eintöniger, qualvoller macht. Insofern sich die Gewerkschaft in die technische Seite der Produktion einmischen kann, kann sie offenbar nur im letzteren Sinne, d. h. im Sinne der direkt interessierten einzelnen Arbeitergruppe handeln, also sich Neuerungen widersetzen. In diesem Falle handelt sie aber nicht im Interesse der Ar-beiterklasse im ganzen und ihrer Emanzipation, die vielmehr mit dem technischen Fortschritt, d. h. mit dem Interesse des einzelnen Kapitalisten übereinstimmen, sondern gerade entgegenge-setzt, im Sinne der Reaktion. Und in der Tat, wir finden das Bestreben, auf die technische Seite der Produktion einzuwirken, nicht in der Zukunft, wo Konrad Schmidt sie sucht, sondern in der Vergangenheit der Gewerkschaftsbewegung. Sie bezeichnet die ältere Phase des englischen Trade Unionismus (bis in die 60er Jahre), wo er noch an mittelalterlich-zünftlerische Überliefe-rungen anknüpfte und charakteristischerweise von dem veralteten Grundsatz des „erworbenen Rechts auf angemessene Arbeit" getragen war. Die Bestrebung der Gewerkschaft den Umfang der Produktion und die Warenpreise zu bestimmen, ist hingegen als eine Erscheinung ganz neuen Datums. Erst in allerletzte Zeit sehen wir – wiederum nur in England – dahingehende

Versuche auftauchen. Dem Charakter und der Tendenz nach sind aber auch diese Bestrebungen jenen ganz gleichwertig. Denn worauf reduziert sich notwendigerweise die aktive Teilnahme der Gewerkschaft an der Bestimmung des Umfangs und der Preise der Warenproduktion? Auf ein Kartell der Arbeiter mit den Unternehmern gegen den Konsumenten, und zwar unter Gebrauch von Zwangsmaßregeln gegen konkurrierende Unternehmer, die den Methoden der regelrechten Unternehmerverbände in nichts nachstehen. Es ist dies im Grunde genommen kein Kampf zwischen Arbeit und Kapital mehr, sondern ein solidarischer Kampf des Kapitals und der Arbeitskraft gegen die konsumierende Gesellschaft. Seinem sozialen Werte nach ist das ein reaktionäres Beginnen, das schon deshalb keine Etappe in dem Emanzipationskampfe des Proletariats bilden kann, weil es vielmehr das gerade Gegenteil von einem Klassenkampf darstellt. Seinem praktischen Werte nach ist das eine Utopie, die sich, wie eine kurze Besinnung dartut, nie auf größere und für den Weltmarkt produzierende Branchen erstrecken kann.

Die Tätigkeit der Gewerkschaften beschränkt sich also in der Hauptsache auf den Lohnkampf und die Verkürzung der Arbeitszeit, d. h. bloß auf die Regulierung der kapitalistischen Ausbeutung je nach den Marktverhältnissen; die Einwirkung auf den Produktionsprozeß bleibt ihnen der Natur der Dinge nach verschlossen. Ja, noch mehr, der ganze Zug der gewerkschaftlichen Entwicklung richtet sich gerade umgekehrt, wie es Konrad Schmidt annimmt, auf die völlige Ablösung des Arbeitsmarktes von jeder unmittelbaren Beziehung zu dem übrigen Warenmarkt. Am bezeichnendsten hierfür ist die Tatsache, daß sogar die Bestrebung, den Arbeitskontrakt wenigstens passiv mit der allgemeinen Produktionslage in unmittelbare Beziehung zu bringen, durch das System der gleitenden Lohnlisten nunmehr von der Entwicklung überholt ist, und daß sich die englischen Trade Unions von ihnen immer mehr abwenden.

Aber auch in den tatsächlichen Schranken ihrer Einwirkung geht die gewerkschaftliche Bewegung, nicht wie es die Theorie der Anpassung des Kapitals voraussetzt, einer unumschränkten Ausdehnung entgegen. Ganz umgekehrt! Faßt man größere Strecken der sozialen Entwicklung ins Auge, so kann man sich der Tatsache nicht verschließen, daß wir im großen und ganzen nicht Zeiten einer siegreichen Machtentfaltung, sondern wachsenden Schwierigkeiten der gewerkschaftlichen Bewegung entgegengehen. Hat die Entwicklung der Industrie ihren Höhepunkt erreicht und beginnt für das Kapital auf dem Weltmarkt der „absteigende Ast", dann wird der gewerkschaftliche Kampf doppelt schwierig: erstens verschlimmern sich die objektiven Konjunkturen des Marktes für die Arbeitskraft, indem die Nachfrage langsamer, das Angebot aber rascher steigt, als es jetzt der Fall ist, zweitens greift das Kapital selbst, um sich für die Verluste auf dem Weltmarkt zu entschädigen, um so hartnäckiger auf die dem Arbeiter zukommende Portion des Produktes zurück. Ist doch die Reduzierung des Arbeitslohnes eines der wichtigsten Mittel, den Fall der Profitrate aufzuhalten! England bietet uns bereits das Bild des beginnenden zweiten Stadiums in der gewerkschaftlichen Bewegung. Sie reduziert sich dabei notgedrungen immer mehr auf die bloße Verteidigung des bereits Errungenen, und auch diese wird immer schwieriger. Der bezeichnete allgemeine Gang der Dinge ist es, dessen Gegenstück der Aufschwung des *politischen* und sozialistischen Klassenkampfes sein muß.

Den gleichen Fehler der umgekehrten geschichtlichen Perspektive begeht Konrad Schmidt in bezug auf die *Sozialreform,* von der er sich verspricht, daß sie „Hand in Hand mit den gewerkschaftlichen Arbeiterkoalitionen der Kapitalistenklasse die Bedingungen, unter denen sie allein Arbeitskräfte verwenden darf, aufoktroyiert". Im Sinne der so aufgefaßten Sozialreform nennt Bernstein die Fabrikgesetze ein Stück „gesellschaftliche Kontrolle" und als solche – ein Stück Sozialismus. auch Konrad Schmidt sagt überall, wo er vom staatlichen Arbeiterschutz spricht, „gesellschaftliche Kontrolle", und hat er so glücklich den Staat in Gesellschaft verwandelt, dann setzt er schon getrost hinzu: „d. h. die aufstrebende Arbeiterklasse", und durch diese Operation verwandeln sich die harmlosen Arbeiterschutzbestimmungen des deutschen Bundesrates in sozialistische Übergangsmaßregeln des deutschen Proletariats.

Die Mystifikation liegt hier auf der Hand. Der heutige Staat ist eben keine „Gesellschaft" im Sinne der „aufstrebenden Arbeiterklasse", sondern Vertreter der *kapitalistischen* Gesellschaft, d. h. Klassenstaat. Deshalb ist auch die von ihm gehandhabte Sozialreform nicht eine Betätigung der „gesellschaftlichen Kontrolle", d. h. der Kontrolle der freien arbeitenden Gesellschaft über den eigenen Arbeitsprozeß, sondern eine Kontrolle der *Klassenorganisation des Kapitals über den Produktionsprozeß des Kapitals.* Darin, d. h. in den Interessen des Kapitals, findet denn auch die Sozialreform ihre natürlichen Schranken. Freilich, Bernstein und Konrad Schmidt sehen auch in dieser Beziehung in der Gegenwart bloß „schwächliche Anfangsstadien" und versprechen sich von der Zukunft eine ins unendliche steigende Sozialreform zugunsten der Arbeiterklasse. Allein sie begehen dabei den gleichen Fehler wie in der Annahme einer unumschränkten Machtentfaltung der Gewerkschaftsbewegung.

Die Theorie der allmählichen Einführung des Sozialismus durch soziale Reformen setzt als Bedingung, *und hier liegt ihr Schwerpunkt,* eine bestimmte objektive Entwicklung ebenso des kapitalistischen *Eigentums* wie des *Staates* voraus. In bezug auf das erstere geht das Schema der künftigen Entwicklung, wie es Konrad Schmidt voraussetzt, dahin, „den Kapitaleigentümer durch Beschränkung seiner Rechte mehr und mehr in die Rolle eines Verwalters herabzudrücken". Angesichts der angeblichen Unmöglichkeit der einmaligen plötzlichen Expropriation der Produktionsmittel macht sich Konrad Schmidt eine Theorie der *stufenweisen Enteignung* zurecht. Hierfür konstruiert er sich als notwendige Voraussetzung eine Zersplitterung des Eigentumsrechts in ein „Obereigentum", das er der „Gesellschaft" zuweist und das er immer mehr ausdehnt wissen will, und ein Nutznießrecht, das in den Händen des Kapitalisten immer mehr zur bloßen Verwaltung seines Betriebes zusammenschrumpft. Nun ist diese Konstruktion entweder ein harmloses Wortspiel, bei dem nichts Wichtiges weiter gedacht wurde. Dann bleibt die Theorie der allmählichen Expropriation ohne alle Deckung. Oder es ist ein ernst gemeintes Schema der rechtlichen Entwicklung. Dann ist es aber völlig verkehrt. Die Zersplitterung der im Eigentumsrecht liegenden verschiedenen Befugnisse, zu der Konrad Schmidt für seine „stufenweise Expropriation" des Kapitals Zuflucht nimmt, ist charakteristisch für die feudalnaturalwirtschaftliche Gesellschaft, in der die Verteilung des Produkts zwischen den Feudalherren und ihren Untergebenen vor sich ging. Der Zerfall des Eigentums in verschiedene Teilrechte war hier die im voraus gegebene Organisation der Verteilung des gesellschaftlichen Reichtums. Mit dem Übergang zur Warenproduktion und der Auflösung aller persönlichen Bande zwischen den einzelnen Teilnehmern des Produktionsprozesses befestigte sich umgekehrt das Verhältnis zwischen Mensch und Sache – das Privateigentum. Indem die Verteilung sich nicht mehr durch persönliche Beziehungen, sondern durch den *Austausch* vollzieht, messen sich verschiedene Anteilansprüche an dem gesellschaftlichen Reichtum nicht in Splittern des Eigentumsrechts an einem gemeinsamen Objekt, sondern in dem von jedermann zu Markte gebrachten *Wert.* Der erste Umschwung in rechtlichen Beziehungen, der das Aufkommen der Warenproduktion in den städtischen Kommunen des Mittelalters begleitete, war auch die Ausbildung des absoluten geschlossenen Privateigentums im Schoße der feudalen Rechtsverhältnisse mit geteiltem Eigentum. In der kapitalistischen Produktion setzt sich aber diese Entwicklung weiter fort. Je mehr der Produktionsprozeß vergesellschaftet wird, um so mehr beruht der Verteilungsprozeß auf reinem Austausch und um so unantastbarer und geschlossener wird das kapitalistische Privateigentum, um so mehr schlägt das Kapitaleigentum aus einem Recht auf das Produkt der eigenen Arbeit in ein reines Aneignungsrecht gegenüber fremder Arbeit um. So lange der Kapitalist selbst die Fabrik leitet, ist die Verteilung noch bis zu einem gewissen Grade an persönliche Teilnahme an dem Produktionsprozeß geknüpft. In dem Maße, wie die persönliche Leitung des Fabrikanten überflüssig wird, und vollends in den Aktiengesellschaften, sondert sich das Eigentum an Kapital als Anspruchstitel bei der Verteilung gänzlich von persönlichen Beziehungen zur Produktion und erscheint in seiner reinsten, geschlossenen Form. In dem Aktienkapital und dem industriellen Kreditkapital gelangt das kapitalistische Eigentumsrecht erst zu seiner vollen Ausbildung.

Das geschichtliche Schema der Entwicklung des Kapitalisten, wie es Konrad Schmidt zeichnet: „vom Eigentümer zum bloßen Verwalter", erscheint somit als die auf den Kopf gestellte tatsächliche Entwicklung, die umgekehrt vom Eigentümer und Verwalter zum bloßen Eigentümer führt. Es geht hier Konrad Schmidt wie Goethe:

Was er besitzt, das sieht er wie im Weiten,
Und was verschwand, wird ihm zu Wirklichkeiten.

Und wie sein historisches Schema ökonomisch von der modernen Aktiengesellschaft auf die Manufakturfabrik oder gar auf die Handwerkerwerkstatt zurückgeht, so will es rechtlich die kapitalistische Welt in die feudalnaturalwirtschaftlichen Eierschalen zurückstecken.

Von diesem Standpunkte erscheint auch die „gesellschaftliche Kontrolle" in einem anderen Lichte, als sie Konrad Schmidt sieht. Das, was heute als „gesellschaftliche Kontrolle" funktioniert – der Arbeiterschutz, die Aufsicht über Aktiengesellschaften etc. –, hat tatsächlich mit einem Anteil am Eigentumsrecht, mit „Obereigentum" nicht das geringste zu tun. Sie betätigt sich nicht als Beschränkung des kapitalistischen Eigentums, sondern umgekehrt als dessen Schutz. Oder, ökonomisch gesprochen, sie bildet nicht einen Eingriff in die kapitalistische Ausbeutung, sondern eine Normierung, Ordnung dieser Ausbeutung. Und wenn Bernstein die Frage stellt, ob in einem Fabrikgesetz viel oder wenig Sozialismus steckt, so können wir ihm versichern, daß in dem allerbesten Fabrikgesetz genau so viel Sozialismus steckt wie in den Magistratsbestimmungen über die Straßenreinigung und das Anzünden der Gaslaternen, was ja auch „gesellschaftliche Kontrolle" ist.

4. Zollpolitik und Militarismus

Die zweite Voraussetzung der allmählichen Einführung des Sozialismus bei Ed. Bernstein ist die Entwicklung des Staates zur Gesellschaft. Es ist dies bereits zum Gemeinplatz geworden, daß der heutige Staat ein Klassenstaat ist. Indes müßte unseres Erachtens auch dieser Satz, wie alles, was auf die kapitalistische Gesellschaft Bezug hat, nicht in einer starren, absoluten Gültigkeit, sondern in der fließenden Entwicklung aufgefaßt werden.

Mit dem politischen Sieg der Bourgeoisie ist der Staat zum kapitalistischen Staat geworden. Freilich, die kapitalistische Entwicklung selbst verändert die Natur des Staates wesentlich, indem sie die Sphäre seiner Wirkung immer mehr erweitert, ihm immer neue Funktionen zuweist, namentlich in bezug auf das ökonomische Leben seine Einmischung und Kontrolle darüber immer notwendiger macht. Insofern bereitet sich allmählich die künftige Verschmelzung des Staates mit der Gesellschaft vor, sozusagen der Rückfall der Funktionen des Staates an die Gesellschaft. Nach dieser Richtung hin kann man auch von einer Entwicklung des kapitalistischen Staats zur Gesellschaft sprechen, und in diesem Sinne zweifellos, sagt Marx, der Arbeiterschutz sei die erste bewußte Einmischung „der Gesellschaft" in ihren sozialen Lebensprozeß, ein Satz, auf den sich Bernstein beruft.

Aber auf der anderen Seite vollzieht sich im Wesen des Staates durch dieselbe kapitalistische Entwicklung eine andere Wandlung. Zunächst ist der heutige Staat – eine Organisation der herrschenden Kapitalistenklasse. Wenn er im Interesse der gesellschaftlichen Entwicklung verschiedene Funktionen von allgemeinem Interesse übernimmt, so nur, weil und insofern diese Interessen und die gesellschaftliche Entwicklung mit den Interessen der herrschenden Klasse im allgemeinen zusammenfallen. Der Arbeiterschutz z. B. liegt ebenso sehr im unmittelbaren Interesse der Kapitalisten als Klasse, wie der Gesellschaft im ganzen. Aber diese Harmonie dauert nur bis zu einem gewissen Zeitpunkt der kapitalistischen Entwicklung. Hat die Entwicklung einen bestimmten Höhepunkt erreicht, dann fangen die Interessen der Bourgeoisie als Klasse und die des ökonomischen Fortschritts an, auch im kapitalistischen Sinne auseinanderzugehen. Wir glauben, daß diese Phase bereits herangebrochen ist, und dies äußert sich in den zwei wichtigsten Erscheinungen des heutigen sozialen Lebens: in der *Zollpolitik* und im *Militarismus*. Beide – Zollpolitik wie Militarismus – haben in der Geschichte des Kapitalismus ihre unentbehrliche und insofern fortschrittliche, revolutionäre Rolle gespielt. Ohne den Zollschutz wäre das Aufkommen der Großindustrie in den einzelnen Ländern kaum möglich gewesen. Heute liegen aber die Dinge anders. Heute dient der Schutzzoll nicht dazu, junge Industrien in die Höhe zu bringen, sondern veraltete Produktionsformen künstlich zu konservieren. Vom Standpunkte der kapitalistischen *Entwicklung,* d. h. vom Standpunkte der Weltwirtschaft, ist es heute ganz gleichgültig, ob Deutschland nach England mehr Waren ausführt oder England nach Deutschland. Vom Standpunkt derselben Entwicklung hat also der Mohr seine Arbeit getan und könnte gehen. Ja, er *müßte* gehen. Bei der heutigen gegenseitigen Abhängigkeit verschiedener Industriezweige müssen Schutzzölle auf irgendwelche Waren die Produktion anderer Waren im Inlande verteuern, d. h. die Industrie wieder unterbinden. Nicht aber so vom Standpunkt der Interessen der *Kapitalistenklasse.* Die Industrie bedarf zu ihrer *Entwicklung* des Zollschutzes nicht, wohl aber die Unternehmer zum Schutze ihres *Absatzes.* Das heißt die Zölle dienen heute nicht mehr als Schutzmittel einer aufstrebenden kapitalistischen Produktion gegen eine reifere, sondern als Kampfmittel einer nationalen Kapitalistengruppe gegen eine andere. Die Zölle sind ferner nicht mehr nötig als Schutzmittel der Industrie, um einen inländischen Markt zu bilden und zu erobern, wohl aber als unentbehrliches Mittel zur Kartellierung der Industrie, d. h. zum Kampfe der kapitalistischen Produzenten mit der konsumierenden Gesellschaft. Endlich, was am grellsten den spezifischen Charakter der heutigen Zollpolitik markiert, ist die Tatsache, daß jetzt überall die ausschlaggebende Rolle darin überhaupt nicht die Industrie, sondern die Landwirtschaft spielt, d. h. daß die Zollpolitik eigentlich zu einem Mittel geworden ist, *feudale Interessen in kapitalistische Form zu gießen und zum Ausdruck zu bringen.*

Die gleiche Wandlung ist mit dem Militarismus vorgegangen. Wenn wir die Geschichte betrachten, nicht wie sie hätte sein können oder sollen, sondern wie sie tatsächlich war, so müssen wir konstatieren, daß der Krieg den unentbehrlichen Faktor der kapitalistischen Entwicklung bildete. Die Vereinigten Staaten Nordamerikas und Deutschland, Italien und die Balkanstaaten, Rußland und Polen, sie alle verdanken die Bedingungen oder den Anstoß zur kapitalistischen Entwicklung den Kriegen, gleichviel ob dem Sieg oder der Niederlage. Solange als es Länder gab, deren innere Zersplitterung oder deren naturalwirtschaftliche Abgeschlossenheit zu überwinden war, spielte auch der Militarismus eine revolutionäre Rolle im kapitalistischen Sinne. Heute liegen auch hier die Dinge anders. Wenn die Weltpolitik zum Theater drohender Konflikte geworden ist, so handelt es sich nicht sowohl um die Erschließung neuer Länder für den Kapitalismus als um fertige *europäische* Gegensätze, die sich nach den anderen Weltteilen verpflanzt haben und dort zum Durchbruch kommen. Was heute gegeneinander mit der Waffe in der Hand auftritt, gleichviel ob in Europa oder in anderen Weltteilen, sind nicht einerseits kapitalistische, andererseits naturalwirtschaftliche Länder, sondern Staaten, die gerade durch die Gleichartigkeit ihrer hohen kapitalistischen Entwicklung zum Konflikt getrieben werden. Für diese Entwicklung selbst kann freilich unter diesen Umständen der Konflikt, wenn er zum Durchbruch kommt, nur von fataler Bedeutung sein, indem er die tiefste Erschütterung und Umwälzung des wirtschaftlichen Lebens in allen kapitalistischen Ländern herbeiführen wird. Anders sieht aber die Sache aus vom Standpunkte der *Kapitalistenklasse*. Für sie ist heute der Militarismus in dreifacher Beziehung unentbehrlich geworden: erstens als Kampfmittel für konkurrierende „nationale" Interessen gegen andere nationale Gruppen, zweitens als wichtigste Anlageart ebenso für das finanzielle wie für das industrielle Kapital und drittens als Werkzeug der Klassenherrschaft im Inlande gegenüber dem arbeitenden Volke – alles Interessen, die mit dem Fortschritt der kapitalistischen Produktionsweise an sich nichts gemein haben. Und was am besten wiederum diesen spezifischen Charakter des heutigen Militarismus verrät, ist erstens sein allgemeines Wachstum in allen Ländern um die Wette, sozusagen durch eigene, innere, mechanische Triebkraft, eine Erscheinung, die noch vor ein paar Jahrzehnten ganz unbekannt war, ferner die Unvermeidlichkeit, das Fatale der herannahenden Explosion bei gleichzeitiger völliger Unbestimmtheit des Anlasses, der zunächst interessierten Staaten, des Streitgegenstandes und aller näheren Umstände. Aus einer Triebkraft der kapitalistischen Entwicklung ist auch der Militarismus zur kapitalistischen Krankheit geworden.

Bei dem dargelegten Zwiespalt zwischen der gesellschaftlichen Entwicklung und den herrschenden Klasseninteressen stellt sich der Staat auf die Seite der letzteren. Er tritt in seiner Politik, ebenso wie die Bourgeoisie, *in Gegensatz* zu der gesellschaftlichen Entwicklung, *er verliert* somit immer mehr seinen Charakter des Vertreters der gesamten Gesellschaft und wird in gleichem Maße immer mehr zum reinen *Klassenstaate*. Oder, richtiger ausgesprochen, diese seine beiden Eigenschaften trennen sich voneinander und spitzen sich zu einem Widerspruche *innerhalb* des Wesens des Staates zu. Und zwar wird der bezeichnete Widerspruch mit jedem Tage schärfer. Denn einerseits wachsen die Funktionen des Staates von allgemeinem Charakter, seine Einmischung in das gesellschaftliche Leben, seine „Kontrolle" darüber. andererseits aber zwingt ihn sein Klassencharakter immer mehr, den Schwerpunkt seiner Tätigkeit und seine Machtmittel auf Gebiete zu verlegen, die nur für die Klasseninteressen der Bourgeoisie von Nutzen, für die Gesellschaft nur von negativer Bedeutung sind – den Militarismus, die Zoll- und Kolonialpolitik. Zweitens wird dadurch auch seine „gesellschaftliche Kontrolle" immer mehr vom Klassencharakter durchdrungen und beherrscht (siehe die Handhabung des Arbeiterschutzes in allen Ländern).

Der bezeichneten Wandlung im Wesen des Staates widerspricht nicht, entspricht vielmehr vollkommen die Ausbildung der Demokratie, in der Bernstein ebenfalls das Mittel der stufenweisen Einführung des Sozialismus sieht.

Wie Konrad Schmidt erläutert, soll die Erlangung einer sozialdemokratischen Mehrheit im Parlament sogar der direkte Weg dieser stufenweisen Sozialisierung der Gesellschaft sein. Die demokratischen Formen des politischen Lebens sind nun zweifellos eine Erscheinung, die am stärksten die Entwicklung des Staates zur Gesellschaft zum Ausdruck bringt und insofern eine Etappe zur sozialistischen Umwälzung bildet. Allein der Zwiespalt im Wesen des kapitalistischen Staates, den wir charakterisiert haben, tritt in dem modernen Parlamentarismus um so greller zutage. Zwar der Form nach dient der Parlamentarismus dazu, in der staatlichen Organisation die Interessen der gesamten Gesellschaft zum Ausdruck zu bringen. Andererseits aber ist es doch nur die kapitalistische Gesellschaft, d. h. eine Gesellschaft, in der die *kapitalistischen* Interessen maßgebend sind, die er zum Ausdruck bringt. Die der Form nach demokratischen Einrichtungen werden somit dem Inhalt nach zum Werkzeuge der herrschenden Klasseninteressen. Dies tritt in greifbarer Weise in der Tatsache zutage, daß, sobald die Demokratie die Tendenz hat, ihren Klassencharakter zu verleugnen und in ein Werkzeug der tatsächlichen Volksinteressen umzuschlagen, die demokratischen Formen selbst von der Bourgeoisie und ihrer staatlichen Vertretung geopfert werden. Die Idee von einer sozialdemokratischen Parlamentsmehrheit erscheint angesichts dessen als eine Kalkulation, die ganz im Geiste des bürgerlichen Liberalismus bloß mit der einen, formellen Seite der Demokratie rechnet, die andere Seite aber, ihren reellen Inhalt, völlig außer acht läßt. Und der Parlamentarismus im ganzen erscheint nicht als ein unmittelbar sozialistisches Element, das die kapitalistische Gesellschaft allmählich durchtränkt, wie Bernstein annimmt, sondern umgekehrt als ein spezifisches Mittel des bürgerlichen Klassenstaates, die kapitalistischen Gegensätze zur Reife und zur Ausbildung zu bringen.

Angesichts dieser objektiven Entwicklung des Staates verwandelt sich der Satz Bernsteins und Konrad Schmidts von der direkt den Sozialismus herbeiführenden, wachsenden „gesellschaftlichen Kontrolle" in eine Phrase, die mit jedem Tage mehr der Wirklichkeit widerspricht.

Die Theorie von der stufenweisen Einführung des Sozialismus läuft hinaus auf eine allmähliche Reform des kapitalistischen Eigentums und des kapitalistischen Staates im sozialistischen Sinne. Beide entwickeln sich jedoch kraft objektiver Vorgänge der gegenwärtigen Gesellschaft nach einer gerade entgegengesetzten Richtung. Der Produktionsprozeß wird immer mehr vergesellschaftet, und die Einmischung, die Kontrolle des Staates über diesen Produktionsprozeß wird immer breiter. Aber gleichzeitig wird das Privateigentum immer mehr zur Form der nackten kapitalistischen Ausbeutung fremder Arbeit, und die staatliche Kontrolle wird immer mehr von ausschließlichen Klasseninteressen durchdrungen. Indem somit der Staat, d. h. die *politische* Organisation, und die Eigentumsverhältnisse, d. h. die *rechtliche* Organisation des Kapitalismus, mit der Entwicklung immer *kapitalistischer* und nicht immer sozialistischer werden, setzen sie der Theorie von der allmählichen Einführung des Sozialismus zwei unüberwindliche Schwierigkeiten entgegen.

Die Idee Fouriers, durch das Phalanstère-System das sämtliche Meerwasser der Erde in Limonade zu verwandeln, war sehr phantastisch. Allein die Idee Bernsteins, das Meer der kapitalistischen Bitternis durch flaschenweises Hinzufügen der sozialreformerischen Limonade in ein Meer sozialistischer Süßigkeit zu verwandeln, ist nur abgeschmackter, aber nicht um ein Haar weniger phantastisch.

Die Produktionsverhältnisse der kapitalistischen Gesellschaft nähern sich der sozialistischen immer mehr, ihre politischen und rechtlichen Verhältnisse dagegen errichten zwischen der kapitalistischen und der sozialistischen Gesellschaft eine immer höhere Wand. Diese Wand wird durch die Entwicklung der Sozialreformen wie der Demokratie nicht durchlöchert, sondern umgekehrt fester starre gemacht. Wodurch sie also niedergerissen werden kann, ist einzig der Hammerschlag der Revolution, d. h. die Eroberung der politischen Macht durch das Proletariat.

5. Praktische Konsequenzen und allgemeiner Charakter des Revisionismus

Wir haben im ersten Kapitel darzutun gesucht, daß die Bernsteinsche Theorie das sozialistische Programm vom materiellen Boden aufhebt und auf eine idealistische Basis versetzt. Dies bezieht sich auf die theoretische Begründung. Wie sieht nun aber die Theorie – in die Praxis übersetzt aus? Zunächst und formell unterscheidet sie sich gar nicht von der bisher üblichen Praxis des sozialdemokratischen Kampfes. Gewerkschaften, der Kampf um die Sozialreform und um die Demokratisierung der politischen Einrichtungen, das ist das nämliche, was auch sonst den formellen Inhalt der sozialdemokratischen Parteitätigkeit ausmacht. Der Unterschied liegt also nicht in dem *Was,* wohl aber in dem *Wie.* Wie die Dinge jetzt liegen, werden der gewerkschaftliche und der parlamentarische Kampf als Mittel aufgefaßt, das Proletariat allmählich zur Besitzergreifung der politischen Gewalt zu führen und zu erziehen. Nach der revisionistischen Auffassung sollen sie, angesichts der Unmöglichkeit und Zwecklosigkeit dieser Besitzergreifung, bloß im Hinblick auf unmittelbare Resultate, d. h. die Hebung der materiellen Lage der Arbeiter, und auf die stufenweise Einschränkung der kapitalistischen Ausbeutung und die Erweiterung der gesellschaftlichen Kontrolle geführt werden. Wenn wir von dem Zwecke der unmittelbaren Hebung der Lage der Arbeiter absehen, da er beiden Auffassungen, der bisher in der Partei üblichen, wie der revisionistischen, gemeinsam ist, so liegt der ganze Unterschied kurz gefaßt darin: nach der landläufigen Auffassung besteht die sozialistische Bedeutung des gewerkschaftlichen und politischen Kampfes darin, daß er das Proletariat, d. h. den *subjektiven* Faktor der sozialistischen Umwälzung zu deren Durchführung vorbereitet. Nach Bernstein besteht sie darin, daß der gewerkschaftliche und politische Kampf die kapitalistische Ausbeutung selbst stufenweise einschränken, der kapitalistischen Gesellschaft immer mehr ihren kapitalistischen Charakter nehmen und den sozialistischen aufprägen, mit einem Worte, die sozialistische Umwälzung in *objektivem* Sinne herbeiführen soll. Sieht man die Sache näher an, so sind beide Auffassungen sogar gerade entgegengesetzt. In der parteiüblichen Auffassung gelangt das Proletariat durch den gewerkschaftlichen und politischen Kampf zu der Überzeugung von der Unmöglichkeit, seine Lage von Grund aus durch diesen Kampf umzugestalten, und von der Unvermeidlichkeit einer endgültigen Besitzergreifung der politischen Machtmittel. In der Bernsteinschen Auffassung geht man von der Unmöglichkeit der politischen Machtergreifung als Voraussetzung aus, um durch bloßen gewerkschaftlichen und politischen Kampf die sozialistische Ordnung einzuführen.

Der sozialistische Charakter des gewerkschaftlichen und parlamentarischen Kampfes liegt also bei der Bernsteinschen Auffassung in dem Glauben an dessen stufenweise sozialisierende Einwirkung auf die kapitalistische Wirtschaft. Eine solche Einwirkung ist aber tatsächlich wie wir darzutun suchten – bloße Einbildung. Die kapitalistischen Eigentums- und Staatseinrichtungen entwickeln sich nach einer entgegengesetzten Richtung. Damit aber verliert der praktische Tageskampf der Sozialdemokratie in letzter Linie überhaupt jede Beziehung zum Sozialismus. Die große sozialistische Bedeutung des gewerkschaftlichen und politischen Kampfes besteht darin, daß sie die *Erkenntnis,* das Bewußtsein des Proletariats sozialisieren, es als Klasse organisieren. Indem man sie als Mittel der unmittelbaren Sozialisierung der kapitalistischen Wirtschaft auffaßt, versagen sie nicht nur diese ihnen angedichtete Wirkung, sondern büßen zugleich auch die andere Bedeutung ein: sie hören auf, Erziehungsmittel der Arbeiterklasse zur proletarischen Machtergreifung zu sein.

Es beruht deshalb auf einem gänzlichen Mißverständnis, wenn Eduard Bernstein und Konrad Schmidt sich beruhigen, das Endziel gehe der Arbeiterbewegung bei der Einschränkung des ganzen Kampfes auf Sozialreform und Gewerkschaften doch nicht verloren, weil jeder Schritt auf dieser Bahn über sich hinausführe und das sozialistische Ziel so der Bewegung selbst als Tendenz innewohne. Dies ist allerdings in vollem Maße bei der jetzigen Taktik der deutschen Sozialdemokratie der Fall, d. h. wenn die bewußte und feste Bestrebung zur Eroberung der politischen Macht dem gewerkschaftlichen und sozialreformerischen Kampfe als Leitstern *vorausgeht.* Löst man jedoch diese im voraus gegebene Bestrebung von der Bewegung ab und stellt man die Sozialreform zunächst als Selbstzweck auf, so führt sie nicht nur nicht zur Verwirklichung des sozialistischen Endzieles, sondern eher umgekehrt. Konrad Schmidt verläßt sich einfach auf die sozusagen mechanische Bewegung, die, einmal in Fluß gebracht, von selbst nicht wieder aufhören kann, und zwar auf Grund des einfachen Satzes, daß beim Essen der Appetit kommt und die Arbeiterklasse sich nie mit Reformen zufrieden geben kann, solange nicht die sozialistische Umwälzung vollendet ist. Die letzte Voraussetzung ist zwar richtig und dafür bürgt uns die Unzulänglichkeit der kapitalistischen Sozialreform selbst. Aber die daraus gezogene Folgerung könnte nur dann wahr sein, wenn sich eine ununterbrochene Kette fortlaufender und stets wachsender Sozialreformen von der heutigen Gesellschaftsordnung unmittelbar zur sozialistischen konstruieren ließe. Das ist aber eine Phantasie, die Kette bricht vielmehr nach der Natur der Dinge sehr bald ab, und die Wege, die die Bewegung von diesem Punkte an einschlagen kann, sind mannigfaltig.

Am nächsten und wahrscheinlichsten erfolgt dann eine Verschiebung in der Taktik nach der Richtung, um durch alle Mittel die praktischen Resultate des Kampfes, die Sozialreformen zu ermöglichen. Der unversöhnliche, schroffe Klassenstandpunkt, der nur im Hinblick auf eine angestrebte politische Machteroberung Sinn hat, wird immer mehr zu einem bloßen Hindernis, sobald unmittelbare praktische Erfolge den Hauptzweck bilden. Der nächste Schritt ist also eine „Kompensationspolitik" – auf gut deutsch – eine Kuhhandelspolitik – und eine versöhnliche, staatsmännisch kluge Haltung. Die Bewegung kann aber auch nicht lange stehen bleiben. Denn da die Sozialreform einmal in der kapitalistischen Welt eine hohle Nuß ist und allezeit bleibt, mag man eine Taktik anwenden, welche man will, so ist der nächste logische Schritt die Enttäuschung auch in der Sozialreform, d. h. der ruhige Hafen, wo nun die Professoren Schmoller und Co. vor Anker gegangen sind, die ja auch auf sozialreformerischen Gewässern durchstudierten die groß' und kleine Welt, um schließlich alles gehen zu lassen, wie's Gott gefällt. Der Sozialismus erfolgt also aus dem alltäglichen Kampfe der Arbeiterklasse durchaus nicht von selbst und unter allen Umständen. Er ergibt sich nur aus den immer mehr sich zuspitzenden Widersprüchen der kapitalistischen Wirtschaft und aus der Erkenntnis der Arbeiterklasse von der Unerläßlichkeit ihrer Aufhebung durch eine soziale Umwälzung. Leugnet man das eine und verwirft man das andere, wie es der Revisionismus tut, dann reduziert sich die Arbeiterbewegung zunächst auf simple Gewerkvereinlerei und Sozialreformerei und führt durch eigene Schwerkraft in letzter Linie zum Verlassen des Klassenstandpunktes.

Diese Konsequenzen werden auch klar, wenn man die revisionistische Theorie noch von einer anderen Seite betrachtet und sich die Frage stellt: was ist der allgemeine Charakter dieser Auffassung? Es ist klar, daß der Revisionismus nicht auf dem Boden der kapitalistischen Verhältnisse steht und nicht mit bürgerlichen Ökonomen ihre Widersprüche leugnet. Er geht vielmehr in seiner Theorie auch wie die Marxsche Auffassung von der Existenz dieser Widersprüche als Voraussetzung aus. Andererseits aber – und dies ist sowohl der Kernpunkt seiner Auffassung überhaupt wie seine Grunddifferenz mit der bisher üblichen sozialdemokratischen Auffassung – stützt er sich nicht in seiner Theorie auf die *Aufhebung* dieser Widersprüche durch ihre eigene konsequente Entwicklung.

Seine Theorie steht in der Mitte zwischen den beiden Extremen, er will nicht die kapitalistischen Widersprüche zur vollen Reife gelangen [lassen] und durch einen revolutionären Umschlag auf der Spitze aufheben, sondern ihnen die Spitze abbrechen, sie *abstumpfen.* So soll das Ausbleiben der Krisen und die Unternehmerorganisation den Widerspruch zwischen der Produktion und dem Austausch, die Hebung der Lage des Proletariats und die Fortexistenz des Mittelstandes den Widerspruch zwischen Kapital und Arbeit, die wachsende Kontrolle und Demokratie den Widerspruch zwischen Klassenstaat und Gesellschaft abstumpfen.

Freilich besteht auch die landläufige sozialdemokratische Taktik nicht darin, daß man die Entwicklung der kapitalistischen Widersprüche bis zur äußersten Spitze und dann erst ihren Umschlag *abwartet.* Umgekehrt, wir stützen uns bloß auf die einmal erkannte Richtung der Entwicklung, treiben aber dann im politischen Kampfe ihre Konsequenzen auf die Spitze, worin das Wesen jeder revolutionären Taktik überhaupt besteht. So bekämpft die Sozialdemokratie

z. B. die Zölle und den Militarismus zu allen Zeiten, nicht erst, als ihr reaktionärer Charakter völlig zum Durchbruch gelangt ist. Bernstein stützt sich aber in seiner Taktik überhaupt nicht auf die Weiterentwicklung und Verschärfung, sondern auf die Abstumpfung der kapitalistischen Widersprüche. Er selbst hat es am treffendsten gekennzeichnet, indem er von einer „Anpassung" der kapitalistischen Wirtschaft spricht. Wann hätte eine solche Auffassung ihre Richtigkeit? Alle Widersprüche der heutigen Gesellschaft sind Ergebnisse der kapitalistischen Produktionsweise. Setzen wir voraus, daß diese Produktionsweise weiter in der bis jetzt gegebenen Richtung entwickelt, so müssen sich mit ihr unzertrennlich auch alle ihre Konsequenzen weiter entwickeln, die Widersprüche zuspitzen und verschärfen, statt sich abzustumpfen. Letzteres setzt also umgekehrt als Bedingung voraus, daß die kapitalistische Produktionsweise selbst in ihrer Entwicklung gehemmt wird. Mit einem Worte, die allgemeinste Voraussetzung der Bernsteinschen Theorie, *das ist ein Stillstand in der kapitalistischen Entwicklung.*

Damit richtet sich aber die Theorie von selbst, und zwar doppelt. Denn erstens legt sie ihren *utopischen* Charakter in bezug auf das sozialistische Endziel bloß – es ist von vornherein klar, daß eine versumpfte kapitalistische Entwicklung nicht zur sozialistischen Umwälzung führen kann –, und hier haben wir die Bestätigung unserer Darstellung der praktischen Konsequenz der Theorie. Zweitens enthüllt sie ihren *reaktionären* Charakter in bezug auf die tatsächlich sich vollziehende rapide kapitalistische Entwicklung. Nun drängt sich die Frage auf: wie kann die Bernsteinsche Auffassungsweise angesichts dieser tatsächlichen kapitalistischen Entwicklung erklärt oder vielmehr charakterisiert werden?

Daß die ökonomischen Voraussetzungen, von denen Bernstein in seiner Analyse der heutigen sozialen Verhältnisse ausgeht – seine Theorie der kapitalistischen „Anpassung" –, unstichhaltig sind, glauben wir im ersten Abschnitt gezeigt zu haben. Wir sahen, daß weder das Kreditwesen noch die Kartelle als „Anpassungsmittel" der kapitalistischen Wirtschaft, weder das zeitweilige Ausbleiben der Krisen noch die Fortdauer des Mittelstandes als Symptom der kapitalistischen Anpassung aufgefaßt werden können. Allen genannten Details der Anpassungstheorie liegt aber – abgesehen von ihrer direkten Irrtümlichkeit – noch ein gemeinsamer charakteristischer Zug zugrunde. Diese Theorie faßt alle behandelten Erscheinungen des ökonomischen Lebens nicht in ihrer organischen Angliederung an die kapitalistische Entwicklung im ganzen und in ihrem Zusammenhange mit dem ganzen Wirtschaftsmechanismus auf, sondern aus diesem Zusammenhange gerissen, im selbständigen Dasein, als disjecta membra (zerstreute Teile) einer leblosen Maschine. So z. B. die Auffassung von der Anpassungswirkung des *Kredits.* Faßt man ins Auge den Kredit als eine naturwüchsige höhere Stufe des Austausches und im Zusammenhang mit allen dem kapitalistischen Austausch innewohnenden Widersprüchen, so kann man unmöglich in ihm irgendein gleichsam außerhalb des Austauschprozesses stehendes, mechanisches „Anpassungsmittel" sehen, ebensowenig wie man das Geld selbst, die Ware, das Kapital als „Anpassungsmittel" des Kapitalismus ansehen kann. Der Kredit ist aber nicht um ein Haar weniger als Geld, Ware und Kapital ein organisches Glied der kapitalistischen Wirtschaft auf einer gewissen Stufe ihrer Entwicklung und bildet auf dieser Stufe wieder ganz wie jene, ebenso ein unentbehrliches Mittelglied ihres Räderwerkes, wie auch ein Zerstörungswerkzeug, indem es ihre inneren Widersprüche steigert.

Ganz dasselbe gilt von den Kartellen und den vervollkommneten Verkehrsmitteln.

Die gleiche mechanische und undialektische Auffassung liegt ferner in der Weise, wie Bernstein das Ausbleiben der Krisen als ein Symptom der „Anpassung" der kapitalistischen Wirtschaft hinnimmt. Für ihn sind die Krisen einfach Störungen im wirtschaftlichen Mechanismus, und bleiben sie aus, dann kann offenbar der Mechanismus glatt funktionieren. Die Krisen sind aber tatsächlich keine „Störungen" im eigentlichen Sinne, oder vielmehr sie sind Störungen, ohne die aber die kapitalistische Wirtschaft im ganzen gar nicht auskommen kann. Ist es einmal Tatsache, daß die Krisen, ganz kurz ausgedrückt, die auf kapitalistischer Basis einzig mögliche, deshalb ganz normale Methode der periodischen Lösung des Zwiespaltes zwischen der unbeschränkten Ausdehnungsfähigkeit der Produktion und den engen Schranken des Absatzmarktes bilden, dann sind auch die Krisen unzertrennliche organische Erscheinungen der kapitalistischen Gesamtwirtschaft.

In einem „störungslosen" Fortgang der kapitalistischen Produktion liegen vielmehr für sie Gefahren, die größer sind als die Krisen selbst. Es ist dies nämlich das nicht aus dem Widerspruch zwischen Produktion und Austausch, sondern aus der Entwicklung der Produktivität der Arbeit selbst sich ergebende stete Sinken der Profitrate, das die höchst gefährliche Tendenz hat, die Produktion allen kleineren und mittleren Kapitalien unmöglich zu machen, und so der Neubildung, damit dem Fortschritt der Kapitalanlagen Schranken entgegenzusetzen. Gerade die Krisen, die sich aus demselben Prozeß als die andere Konsequenz ergeben, bewirken durch die periodische *Entwertung* des Kapitals, durch Verbilligung der Produktionsmittel und Lahmlegung eines Teils des tätigen Kapitals zugleich die Hebung der Profite und schaffen so für Neuanlagen und damit neue Fortschritte in der Produktion Raum. So erscheinen sie als Mittel, das Feuer der kapitalistischen Entwicklung immer wieder zu schüren und zu entfachen, und ihr Ausbleiben, nicht nur für bestimmte Momente der Ausbildung des Weltmarktes, wie wir es annehmen, sondern schlechthin, würde bald die kapitalistische Wirtschaft, nicht wie Bernstein meint, auf einen grünen Zweig, sondern direkt in den Sumpf gebracht haben. Bei der mechanischen Auffassungsweise, die die ganze Anpassungstheorie kennzeichnet, läßt Bernstein ebenso die Unentbehrlichkeit der Krisen, wie die Unentbehrlichkeit der periodisch immer wieder aufschießenden Neuanlagen von kleinen und mittleren Kapitalen außer acht, weshalb ihm u.a. auch die stete Wiedergeburt des Kleinkapitals als ein Zeichen des kapitalistischen Stillstandes, statt, wie tatsächlich, der normalen kapitalistischen Entwicklung, erscheint.

Es gibt nun freilich einen Standpunkt, von dem alle behandelten Erscheinungen sich auch wirklich so darstellen, wie sie die „Anpassungstheorie" zusammenfaßt, nämlich den Standpunkt des einzelnen Kapitalisten, wie ihm die Tatsachen des wirtschaftlichen Lebens, verunstaltet durch die Gesetze der Konkurrenz, zum Bewußtsein kommen. Der einzelne Kapitalist sieht vor allem tatsächlich jedes organische Glied des Wirtschaftsganzen als ein Ganzes, Selbständiges für sich, er sieht sie auch ferner nur von der Seite, wie sie auf ihn, den einzelnen Kapitalisten, einwirken, deshalb als bloße „Störungen" oder bloße „Anpassungsmittel". Für den einzelnen Kapitalisten sind die Krisen tatsächlich bloße Störungen, und ihr Ausbleiben gewährt ihm eine längere Lebensfrist, für ihn ist der Kredit gleichfalls ein Mittel, seine unzureichenden Produktivkräfte den Anforderungen des Marktes „anzupassen", für ihn hebt ein Kartell, in das er eintritt, auch wirklich die Anarchie der Produktion auf.

Mit einem Worte, die Bernsteinsche Anpassungstheorie ist nichts als eine theoretische Verallgemeinerung der Auffassungsweise des einzelnen Kapitalisten. Was ist aber diese Auffassungsweise im theoretischen Ausdruck anderes, als das wesentliche und charakteristische der bürgerlichen Vulgärökonomie? Alle ökonomischen Irrtümer dieser Schule beruhen eben auf dem Mißverständnis, daß die Erscheinungen der Konkurrenz, gesehen durch die Augen des Einzelkapitals, für Erscheinungen der kapitalistischen Wirtschaft im ganzen genommen werden. Und wie Bernstein den Kredit, so faßt die Vulgärökonomie auch noch z. B. das *Geld* als ein geistreiches „Anpassungsmittel" zu den Bedürfnissen des Austausches auf, sie sucht auch *in* den kapitalistischen Erscheinungen selbst die Gegengifte gegen die kapitalistischen Übel, sie glaubt in Übereinstimmung mit Bernstein an die *Möglichkeit,* die kapitalistische Wirtschaft zu regulieren, sie läuft endlich auch immer wie die Bernsteinsche Theorie in letzter Linie auf eine *Abstumpfung* der kapitalistischen Widersprüche und Verkleisterung der kapitalistischen Wunden, d. h. mit anderen Worten auf ein reaktionäres statt dem revolutionären Verfahren, und damit auf eine Utopie hinaus.

Die revisionistische Theorie im ganzen genommen läßt sich also folgendermaßen charakterisieren: es ist dies *eine Theorie der sozialistischen Versumpfung, vulgärökonomisch begründet durch eine Theorie der kapitalistischen Versumpfung.*

Zweiter Teil

1. Die ökonomische Entwicklung und der Sozialismus

Die größte Errungenschaft des proletarischen Klassenkampfes in seiner Entwicklung war die Entdeckung der Ansatzpunkte für die Verwirklichung des Sozialismus in den *ökonomischen Verhältnissen* der kapitalistischen Gesellschaft. Dadurch ist der Sozialismus aus einem „Ideal", das jahrtausendelang der Menschheit vorschwebte, zur *geschichtlichen Notwendigkeit* geworden.

Bernstein bestreitet die Existenz dieser ökonomischen Voraussetzungen des Sozialismus in der gegenwärtigen Gesellschaft. Dabei macht er selbst in seiner Beweisführung eine interessante Entwicklung durch. Anfangs, in der Neuen Zeit, bestritt er bloß die Raschheit der Konzentration in der Industrie und stützte dies auf einen Vergleich der Ergebnisse der Gewerbestatistik in Deutschland von 1895 und 1882. Dabei mußte er, um diese Ergebnisse für seine Zwecke zu benutzen, zu ganz summarischem und mechanischem Verfahren seine Zuflucht nehmen. Aber auch im günstigsten Falle konnte Bernstein mit seinem Hinweise auf die Zähigkeit der Mittelbetriebe die Marxsche Analyse nicht im mindesten treffen. Denn diese setzt weder ein bestimmtes *Tempo* der Konzentration der Industrie, das heißt eine bestimmte *Frist* für die Verwirklichung des sozialistischen Endzieles, noch auch, wie wir gezeigt haben, ein *absolutes Verschwinden* der Kleinkapitale, bzw. das Verschwinden des Kleinbürgertums als Bedingung der Realisierbarkeit des Sozialismus voraus.

In weiterer Entwicklung seiner Ansichten gibt nun Bernstein in seinem Buche neues Beweismaterial, und zwar *die Statistik der Aktiengesellschaften,* die dartun soll, daß die Zahl der Aktionäre sich stets vergrößert, die Kapitalistenklasse also nicht zusammenschmilzt, sondern im Gegenteil immer größer wird. Es ist erstaunlich, wie wenig Bernstein das vorhandene Material kennt und wie wenig er es zu seinen Gunsten zu gebrauchen weiß!

Wollte er durch Aktiengesellschaften etwas gegen das Marxsche Gesetz der industriellen Entwicklung beweisen, dann hätte er ganz andere Zahlen bringen sollen. Nämlich jedermann, der die Geschichte der Aktiengründung in Deutschland kennt, weiß, das ihr durchschnittliches, auf eine Unternehmung fallendes Gründungskapital in fast regelmäßiger *Abnahme* begriffen ist. So betrug dieses Kapital vor 1871 etwa 10,8 Millionen Mark, 1871 nur noch 4,01 Millionen Mark, 1873: 3,8 Millionen Mark, 1883 bis 1887 weniger als 1 Millionen Mark, 1891 nur 0,56 Millionen Mark, 1892: 0,62 Millionen Mark. Seitdem schwanken die Beträge um 1 Million Mark, und zwar sind sie wieder von 1,78 Millionen Mark im Jahre 1895 auf 1,19 Millionen Mark im 1. Semester 1897 gefallen.

Erstaunliche Zahlen! Bernstein würde wahrscheinlich damit gar eine ganze contra-Marxsche Tendenz des Überganges von Großbetrieben zurück auf Kleinbetriebe konstruieren. Allein in diesem Falle könnte ihm jedermann erwidern: Wenn Sie mit dieser Statistik etwas nachweisen wollen, dann müssen Sie vor allem beweisen, daß sie sich auf *dieselben* Industriezweige bezieht, daß die kleineren Betriebe nun *an Stelle* der alten großen und nicht dort auftreten, wo bis jetzt das Einzelkapital oder gar Handwerk oder Zwergbetrieb war. Diesen Beweis gelingt es Ihnen aber nicht zu erbringen, denn der Übergang von riesigen Aktiengründungen zu mittleren und kleinen ist gerade nur dadurch erklärlich, daß das Aktienwesen in stets neue Zweige eindringt, und wenn es anfangs nur für wenige Riesenunternehmungen taugte, es sich jetzt immer mehr dem Mittelbetriebe, hie und da sogar dem Kleinbetriebe angepaßt hat. (Selbst Aktiengründungen bis 1.000 Mark Kapital herunter kommen vor!)

Was bedeutet aber volkswirtschaftlich die immer größere Verbreitung des Aktienwesens? Sie bedeutet die *fortschreitende Vergesellschaftung der Produktion* in kapitalistischer Form, die Vergesellschaftung nicht nur der Riesen-, sondern auch der Mittel- und sogar der Kleinproduktion, also etwas, was der Marxschen Theorie nicht widerspricht, sondern sie in denkbar glänzendster Weise bestätigt.

In der Tat! Worin besteht das ökonomische Phänomen der Aktiengründung? Einerseits in der Vereinigung vieler kleiner Geldvermögen zu *einem* Produktionskapital, zu *einer* Wirtschaftseinheit, andererseits in der Trennung der Produktion vom Kapitaleigentum, also in einer zweifachen Überwindung der kapitalistischen Produktionsweise – immer auf kapitalistischer Basis.

Was bedeutet angesichts dessen die von Bernstein angeführte Statistik der großen Zahl der an einer Unternehmung beteiligten Aktionäre? Eben nichts anderes, als daß jetzt *eine* kapitalistische Unternehmung nicht *einem* Kapitaleigentümer wie ehedem, sondern einer ganzen Anzahl, einer immer mehr anwachsenden Zahl von Kapitaleigentümern entspricht, daß somit der wirtschaftliche Begriff „Kapitalist" sich nicht mehr mit dem Einzelindividuum deckt, daß der heutige industrielle Kapitalist eine Sammelperson ist, die aus hunderten, ja aus Tausenden von Personen besteht, daß die Kategorie „Kapitalist" selbst im Rahmen der kapitalistischen Wirtschaft zur gesellschaftlichen, daß sie *vergesellschaftet* wurde.

Wie erklärt es sich aber angesichts dessen, daß Bernstein das Phänomen der Aktiengesellschaften gerade umgekehrt als eine Zersplitterung und nicht als eine Zusammenfassung des Kapitals auffaßt, daß er dort Verbreitung des Kapitaleigentums, wo Marx „Aufhebung des Kapitaleigentums" sieht? Durch einen sehr einfachen vulgärökonomischen Schnitzer: weil Bernstein unter Kapitalist nicht eine Kategorie der Produktion, sondern des Eigentumsrechts, nicht eine wirtschaftliche, sondern eine steuerpolitische Einheit, unter Kapital nicht ein Produktionsganzes, sondern schlechthin Geldvermögen versteht. Deshalb sieht er in seinem englischen Nähgarntrust nicht die Zusammenschweißung von 12.300 Personen zu *einem,* sondern ganze 12.300 Kapitalisten, deshalb ist ihm auch sein Ingenieur Schulze, der als Mitgift für seine Frau vom Rentier Müller „eine größere Anzahl Aktien" bekommen hat (S. 54), auch ein Kapitalist, deshalb wimmelt ihm *die ganze Welt von „Kapitalisten".*

Aber hier wie sonst ist der vulgärökonomische Schnitzer bei Bernstein bloß der theoretische Boden für eine Vulgarisierung des Sozialismus. Indem Bernstein den Begriff Kapitalist aus den Produktionsverhältnissen in die Eigentumsverhältnisse überträgt und, „statt von Unternehmern von Menschen spricht" (S. 53), überträgt er auch die frage des Sozialismus aus dem Gebiete der Produktion auf das Gebiet der Vermögensverhältnisse, aus dem Verhältnis von *Kapital und Arbeit* in das Verhältnis von *reich und arm.*

Damit sind wir von Marx und Engels glücklich auf den Verfasser des Evangeliums des armen Sünders zurückgebracht, nur mit dem Unterschiede, daß Weitling mit richtigem proletarischem Instinkt eben in diesem Gegensatz von arm und reich in primitiver Form die Klassengegensätze *erkannte* und zum Hebel der sozialistischen Bewegung machen wollte, während Bernstein umgekehrt, in der Verwandlung der Armen in Reiche, d. h. in der Verwischung des Klassengegensatzes, also im kleinbürgerlichen Verfahren die Aussichten des Sozialismus sieht.

Freilich beschränkt sich Bernstein nicht auf die Einkommensstatistik. Er gibt uns auch Betriebsstatistik, und zwar aus mehreren Ländern: aus Deutschland und aus Frankreich, aus England und aus der Schweiz, aus Österreich und aus den Vereinigten Staaten. Aber was für eine Statistik ist das? Es sind dies nicht etwa vergleichende Daten aus *verschiedenen Zeitpunkten* in je einem Lande, sondern aus je einem Zeitpunkt in verschiedenen Ländern. Er vergleicht also – ausgenommen Deutschland, wo er seine alte Gegenüberstellung von 1895 und 1882 wiederholt – nicht den Stand der Betriebsgliederung eines Landes in verschiedenen Momenten, sondern nur die *absoluten* Zahlen für verschiedene Länder (für England vom Jahre 1891, Frankreich 1894, Vereinigte Staaten 1890 etc.). Der Schluß, zu dem er gelangt, ist der, „daß, wenn der Großbetrieb in der Industrie heute tatsächlich schon das Übergewicht hat, er doch, die von ihm abhängigen Betriebe eingerechnet, selbst in einem so vorgeschrittenen Lande wie Preußen höchstens *die Hälfte der in der Produktion tätigen Bevölkerung* vertritt", und ähnlich in ganz Deutschland, England, Belgien usw. (S. 84)

Was er auf diese Weise nachweist, ist offenbar nicht diese oder jene *Tendenz der ökonomischen Entwicklung,* sondern bloß das *absolute Stärkeverhältnis* der verschiedenen Betriebsformen bzw. verschiedenen Berufsklassen. Soll damit die Aussichtslosigkeit des Sozialismus bewiesen werden, so liegt dieser Beweisführung eine Theorie zugrunde, wonach über den Ausgang sozialer Bestrebungen das zahlenmäßige, physische Stärkeverhältnis der Kämpfenden, also das bloße Moment *der Gewalt* entscheidet. Hier fällt der überall den Blanquismus witternde Bernstein zur Abwechslung selbst in das gröbste blanquistische Mißverständnis zurück. Allerdings wieder mit dem Unterschied, daß die Blanquisten als eine sozialistische und revolutionäre Richtung die ökonomische Durchführbarkeit des Sozialismus als selbstverständlich voraussetzten, und auf sie die Aussichten der gewaltsamen Revolution sogar einer kleinen Minderheit gründeten, während Bernstein umgekehrt aus der zahlenmäßigen Unzulänglichkeit der Volksmehrheit die ökonomische Aussichtslosigkeit des Sozialismus folgert. Die Sozialdemokratie leitet ihr Endziel ebensowenig von der siegreichen Gewalt der Minderheit, wie von dem zahlenmäßigen Übergewicht der Mehrheit, sondern von der ökonomischen Notwendigkeit – und der Einsicht in diese Notwendigkeit – ab, die zur Aufhebung des Kapitalismus durch die Volksmasse führt, und die sich vor allem in der *kapitalistischen Anarchie* äußert.

Was diese letzte entscheidende Frage der Anarchie in der kapitalistischen Wirtschaft anbetrifft, so leugnet Bernstein selbst bloß die großen und die allgemeinen Krisen, nicht aber partielle und nationale Krisen. Er stellt somit bloß sehr viel Anarchie in Abrede und gibt gleichzeitig die Existenz von ein wenig Anarchie zu. Der kapitalistischen Wirtschaft geht es bei Bernstein wie – um einmal auch mit Marx zu reden – jener törichten Jungfer mit dem Kinde, das „nur ganz klein" war. Das Fatale bei der Sache ist nun, daß in solchen Dingen wie der Anarchie wenig und viel gleich schlimm ist. Gibt Bernstein ein wenig Anarchie zu, so sorgt der Mechanismus der Warenwirtschaft von selbst für die Steigerung dieser Anarchie ins ungeheure – bis zum Zusammenbruch. Hofft Bernstein aber – unter gleichzeitiger Beibehaltung der Warenproduktion – auch das bißchen Anarchie allmählich in Ordnung und Harmonie aufzulösen, so verfällt er wiederum in einen der fundamentalsten Fehler der bürgerlichen Vulgärökonomie, indem er die Austauschweise von der Produktionsweise als unabhängig betrachtet.

Es ist hier nicht die entsprechende Gelegenheit, die überraschende Verwirrung in bezug auf die elementarsten Grundsätze der politischen Ökonomie, die Bernstein in seinem Buche an den Tag gelegt hat, in ihrem Ganzen zu zeigen. Aber ein Punkt, auf den uns die Grundfrage der kapitalistischen Anarchie führt, soll kurz beleuchtet werden.

Bernstein erklärt, das Marxsche *Arbeitswertgesetz* sei eine bloße Abstraktion, was nach ihm in der politischen Ökonomie offenbar ein Schimpfwort ist. Ist aber der Arbeitswert bloß eine Abstraktion, „ein Gedankenbild" (S.44), dann hat jeder rechtschaffene Bürger, der beim Militär gedient und seine Steuern entrichtet hat, das gleiche recht wie Karl Marx, sich beliebigen Unsinn zu einem solchen „Gedankenbild", d. h. zum Wertgesetz, zurecht zu machen. „Von Hause aus ist es Marx ebenso erlaubt, von den Eigenschaften der Waren soweit abzusehen, daß sie schließlich nur noch Verkörperungen von Mengen einfacher menschlicher Arbeit bleiben, wie es der Böhm-Jevonsschen Schule freisteht, von alle Eigenschaften der Waren außer ihrer Nützlichkeit zu abstrahieren." (S. 41-2)

Also die Marxsche gesellschaftliche Arbeit und die Mengersche abstrakte Nützlichkeit, das ist ihm gehüpft wie gesprungen: alles bloß Abstraktion. Bernstein hat somit ganz vergessen, daß die Marxsche Abstraktion nicht eine Erfindung, sondern eine Entdeckung ist, daß sie nicht in Marxens Kopfe, sondern in der Warenwirtschaft existiert, nicht ein eingebildetes, sondern ein reales gesellschaftliches Dasein führt, ein so reales Dasein, daß sie geschnitten und gehämmert, gewogen und geprägt wird. Die von Marx entdeckte abstraktmenschliche Arbeit ist nämlich in ihrer entfalteten Form nichts anderes als – *das Geld*. Und dies ist gerade eine der genialsten ökonomischen Entdeckungen von Marx, während für die ganze bürgerliche Ökonomie, vom ersten Merkantilisten bis auf den letzten Klassiker, das mystische Wesen des Geldes ein Buch mit sieben Siegeln geblieben ist.

Hingegen ist die Böhm-Jevonssche abstrakte Nützlichkeit tatsächlich bloß ein Gedankenbild oder vielmehr ein Bild der Gedankenlosigkeit, ein Privatblödsinn, für den weder die kapitalistische, noch eine andere menschliche Gesellschaft, sondern einzig und allein die bürgerliche Vulgärökonomie verantwortlich gemacht werden kann. Mit diesem „Gedankenbild" im Kopfe können Bernstein und Böhm und Jevons mit der ganzen subjektiven Gemeinde vor dem Mysterium des Geldes noch zwanzig Jahre stehen, ohne daß sie zu einer anderen Lösung kommen als, was jeder Schuster ohne sie schon wußte: daß das Geld auch eine „nützliche" Sache ist.

Bernstein hat somit für das Marxsche Wertgesetz das Verständnis gänzlich verloren. Für denjenigen aber, der mit dem Marxschen ökonomischen System einigermaßen vertraut ist, wird ohne weiteres klar sein, daß ohne das Wertgesetz das ganze System völlig unverständlich bleibt, oder, um konkreter zu sprechen, ohne Verständnis des Wesens der Ware und ihres Austausches die ganze kapitalistische Wirtschaft mit ihren Zusammenhängen ein Geheimnis bleiben muß.

Was ist aber der Marxsche Zauberschlüssel, der ihm gerade die innersten Geheimnisse aller kapitalistischen Erscheinungen geöffnet hat, der ihn mit spielender Leichtigkeit Probleme lösen ließ, von denen die größten Geister der bürgerlichen klassischen Ökonomie, wie Smith und Ricardo, nicht einmal die Existenz ahnten? Nichts anderes als die Auffassung von der ganzen kapitalistischen Wirtschaft, als von einer *historischen Erscheinung,* und zwar nicht nur nach hinten, wie es im besten Falle die klassische Ökonomie verstand, sondern auch nach vorne, nicht nur im Hinblick auf die feudalwirtschaftliche Vergangenheit, sondern namentlich auch im Hinblick auf die *sozialistische Zukunft.* Das Geheimnis der Marxschen Wertlehre, seiner Geldanalyse, seiner Kapitaltheorie, seiner Lehre von der Profitrate und somit des ganzen ökonomischen Systems ist – die Vergänglichkeit der kapitalistischen Wirtschaft, ihr Zusammenbruch, also – dies nur die andere Seite – *das sozialistische Endziel.* Gerade und nur weil Marx von vornherein als Sozialist, d. h. *unter dem geschichtlichen Gesichtspunkte* die kapitalistische Wirtschaft ins Auge faßte, konnte er ihre Hieroglyphe entziffern, und weil er den sozialistischen Standpunkt zum *Ausgangspunkt* der wissenschaftlichen Analyse der bürgerlichen Gesellschaft machte, konnte er umgekehrt den Sozialismus wissenschaftlich begründen.

Daran sind die Bemerkungen Bernsteins am Schlusse seines Buches zu messen, wo er über den „Dualismus" (Zwiespalt) klagt, „der durch das ganze monumentale Marxsche Werk geht", „einen Dualismus, der darin besteht, daß das Werk wissenschaftliche Untersuchung sein und doch eine, lange vor seiner Konzipierung fertige These beweisen will, daß ihm ein Schema zugrunde liegt, in dem das Resultat, zu dem hin die Entwicklung führen sollte, schon von vornherein feststand. Das Zurückkommen auf das Kommunistische Manifest (d. h. auf das sozialistische Endziel! – *R.L.*) weist hier auf einen tatsächlichen Rest von Utopismus im Marxschen System hin." (S.177.)

Der Marxsche „Dualismus" ist aber nichts anderes als der Dualismus der sozialistischen Zukunft und der kapitalistischen Gegenwart, des Kapitals und der Arbeit, der Bourgeoisie und des Proletariats, er ist die monumentale wissenschaftliche Abspiegelung *des in der bürgerlichen Gesellschaft existierenden Dualismus, der bürgerlichen Klassengegensätze.*

Und wenn Bernstein in diesem theoretischen Dualismus bei Marx „einen Überrest des Utopismus" sieht, so ist das nur ein naives Bekenntnis, daß er den geschichtlichen Dualismus in der bürgerlichen Gesellschaft, die kapitalistischen Klassengegensätze leugnet, daß für ihn der Sozialismus selbst zu einem „Überrest des Utopismus" geworden ist. Der „Monismus", d. h. die Einheitlichkeit Bernsteins ist die Einheitlichkeit der verewigten kapitalistischen Ordnung, die Einheitlichkeit des Sozialisten, der sein Endziel fallen gelassen hat, um dafür in der einen und unwandelbaren bürgerlichen Gesellschaft das Ende der menschlichen Entwicklung zu sehen.

Sieht aber Bernstein in der ökonomischen Struktur des Kapitalismus selbst den Zwiespalt, die Entwicklung zum Sozialismus nicht, so muß er, um das sozialistische Programm wenigstens in der Form zu retten, zu einer außerhalb der ökonomischen Entwicklung liegenden, zu einer idealistischen Konstruktion Zuflucht nehmen und den Sozialismus selbst aus einer bestimmten geschichtlichen Phase der gesellschaftlichen Entwicklung in ein abstraktes „Prinzip" verwandeln.

Das Bernsteinsche „Prinzip der Genossenschaftlichkeit" mit dem die kapitalistische Wirtschaft ausgeschmückt werden soll, dieser dünnste „Abkläricht" des sozialistischen Endzieles erscheint angesichts dessen nicht als ein Zugeständnis seiner bürgerlichen Theorie an die sozialistische Zukunft der Gesellschaft, sondern an die sozialistische Vergangenheit – Bernsteins.

2. Gewerkschaften, Genossenschaften und politische Demokratie

Wir haben gesehen, der Bernsteinsche Sozialismus läuft auf den Plan hinaus, die Arbeiter an dem gesellschaftlichen Reichtum teilnehmen zu lassen, die Armen in Reiche zu verwandeln. Wie soll das bewerkstelligt werden? In seinen Aufsätzen *Probleme des Sozialismus* in der Neuen Zeit ließ Bernstein nur kaum verständliche Fingerzeige durchblicken, in seinem Buche gibt er über diese Frage vollen Aufschluß: sein Sozialismus soll auf zwei Wegen, durch Gewerkschaften oder, wie Bernstein es nennt, wirtschaftliche Demokratie, und durch Genossenschaften verwirklicht werden. Durch die ersteren will er dem industriellen, durch die letzteren dem kaufmännischen Profit an den Kragen. (S. 118)

Was die Genossenschaften, und zwar vor allem die Produktivgenossenschaften betrifft, so stellen sie ihrem inneren Wesen nach inmitten der kapitalistischen Wirtschaft ein *Zwitterding* dar: eine im kleinen sozialisierte Produktion bei kapitalistischem Austausche. In der kapitalistischen Wirtschaft beherrscht aber der Austausch die Produktion und macht, angesichts der Konkurrenz, rücksichtslose Ausbeutung, d. h. völlige Beherrschung des Produktionsprozesses durch die Interessen des Kapitals, zur Existenzbedingung der Unternehmung. Praktisch äußert sich das in der Notwendigkeit, die Arbeit möglichst intensiv zu machen, sie zu verkürzen oder zu verlängern, je nach der Marktlage, die Arbeitskraft je nach den Anforderungen des Absatzmarktes heranzuziehen oder sie abzustoßen und aufs Pflaster zu setzen, mit einem Worte, all die bekannten Methoden zu praktizieren, die eine kapitalistische Unternehmung konkurrenzfähig machen. In der Produktivgenossenschaft ergibt sich daraus die widerspruchsvolle Notwendigkeit für die Arbeiter, sich selbst mit dem ganzen erforderlichen Absolutismus zu regieren, sich selbst gegenüber die Rolle des kapitalistischen Unternehmers zu spielen. An diesem Widerspruche geht die Produktivgenossenschaft auch zugrunde, indem sie entweder zur kapitalistischen Unternehmung sich rückentwickelt, oder, falls die Interessen der Arbeiter stärker sind, sich auflöst. Das sind die Tatsachen, die Bernstein selbst konstatiert, aber mißversteht, indem er nach Frau Potter-Webb die Ursache des Unterganges der Produktivgenossenschaften in England in der mangelnden „Disziplin" sieht. Was hier oberflächlich und seicht als Disziplin bezeichnet wird, ist nichts anderes als das natürliche absolute Regime des Kapitals, das die Arbeiter allerdings sich selbst gegenüber unmöglich ausüben können.

Daraus folgt, daß die Produktivgenossenschaft sich ihre Existenz inmitten der kapitalistischen Wirtschaft nur dann sichern kann, wenn sie auf einem Umwege den in ihr verborgenen Widerspruch zwischen Produktionsweise und Austauschweise aufhebt, indem sie sich künstlich den Gesetzen der freien Konkurrenz entzieht. Dies kann sie nur, wenn sie sich von vornherein einen Absatzmarkt, einen festen Kreis von Konsumenten sichert. Als solches Hilfsmittel dient ihr eben der *Konsumverein.* Darin wiederum, und nicht in der Unterscheidung in Kauf- und Verkaufsgenossenschaften, oder wie der Oppenheimersche Einfall sonst lautet, liegt das von Bernstein behandelte Geheimnis, warum selbständige Produktivgenossenschaften zugrunde gehen, und erst der Konsumverein ihnen eine Existenz zu sichern vermag.

Sind aber somit die Existenzbedingungen der Produktivgenossenschaften in der heutigen Gesellschaft an die Existenzbedingungen der Konsumvereine gebunden, so folgt daraus in weiterer Konsequenz, daß die Produktivgenossenschaften im günstigsten Falle auf kleinen lokalen Absatz und auf wenige Produkte des unmittelbaren Bedarfs, vorzugsweise auf Lebensmittel angewiesen sind. Alle wichtigsten Zweige der kapitalistischen Produktion: die Textil-, Kohlen-, Metall-, Petroleumindustrie, sowie der Maschinen-, Lokomotiven- und Schiffsbau sind vom Konsumverein, also auch von der Produktivgenossenschaft von vornherein ausgeschlossen. Abgesehen also von ihrem Zwittercharakter können die Produktivgenossenschaften als allgemeine soziale Reform schon aus dem Grunde nicht erscheinen, weil ihre allgemeine Durchführung vor allem die Abschaffung des Weltmarktes und Auflösung der bestehenden Weltwirtschaft in kleine lokale Produktions- und Austauschgruppen, also dem Wesen nach einen Rückgang von großkapitalistischer auf mittelalterliche Warenwirtschaft voraussetzt.

Aber auch in den Grenzen ihrer möglichen Verwirklichung, auf dem Boden der gegenwärtigen Gesellschaft reduzieren sich die Produktivgenossenschaften notwendigerweise in bloße Anhängsel der Konsumvereine, die somit als die Hauptträger der beabsichtigten sozialistischen Reform in den Vordergrund treten. Die ganze sozialistische Reform durch die Genossenschaften reduziert sich aber dadurch aus einem Kampf gegen das Produktivkapital, d. h. gegen den Hauptstamm der kapitalistischen Wirtschaft, in einen Kampf gegen das Handelskapital, und zwar gegen das Kleinhandels-, das Zwischenhandelskapital, d. h. bloß gegen kleine *Abzweigungen* des kapitalistischen Stammes.

Was die Gewerkschaften betrifft, die nach Bernstein ihrerseits ein Mittel gegen die Ausbreitung des Produktivkapitals darstellen sollen, so haben wir bereits gezeigt, daß die Gewerkschaften nicht imstande sind, den Arbeitern einen Einfluß auf den Produktionsprozeß, weder in bezug auf den Produktions*umfang,* noch in bezug auf das *technische* Verfahren, zu sichern.

Was aber die rein ökonomische Seite, „den Kampf der Lohnrate mit der Profitrate", wie Bernstein es nennt, betrifft, so wird dieser Kampf, wie gleichfalls bereits gezeigt, nicht in dem freien blauen Luftraum, sondern in den bestimmten Schranken des Lohngesetzes ausgefochten, das er nicht zu durchbrechen, sondern bloß zu verwirklichen vermag. Dies wird auch klar, wenn man die Sache von einer anderen Seite faßt und sich die Frage nach den eigentlichen Funktionen der Gewerkschaften stellt.

Die Gewerkschaften, denen Bernstein die Rolle zuweist, in dem Emanzipationskampfe der Arbeiterklasse den eigentlichen Angriff gegen die industrielle Profitrate zu führen und sie stufenweise in die Lohnrate aufzulösen, sind nämlich gar nicht imstande, eine ökonomische Angriffspolitik gegen den Profit zu führen, weil sie nichts sind als die organisierte *Defensive* der Arbeitskraft gegen die Angriffe des Profits, als die Abwehr der Arbeiterklasse gegen die herabdrückende Tendenz der kapitalistischen Wirtschaft. Dies aus zwei Gründen.

Erstens haben die Gewerkschaften zur Aufgabe, die Marktlage der Ware Arbeitskraft durch ihre Organisation zu beeinflussen, die Organisation wird aber durch den Prozeß der Proletarisierung der Mittelschichten, der dem Arbeitsmarkt stets neue Ware zuführt, beständig durchbrochen. Zweitens bezwecken die Gewerkschaften die Hebung der Lebenshaltung, die Vergrößerung des Anteils der Arbeiterklasse am gesellschaftlichen Reichtum, dieser Anteil wird aber durch das Wachstum der Produktivität der Arbeit mit der Fatalität eines Naturprozesses beständig herabgedrückt. Um letzteres einzusehen, braucht man durchaus nicht ein Marxist zu sein, sondern bloß *Zur Beleuchtung der sozialen Frage* von Rodbertus, einmal in der Hand gehabt zu haben.

In beiden wirtschaftlichen Hauptfunktionen verwandelt sich also der gewerkschaftliche Kampf kraft objektiver Vorgänge in der kapitalistischen Gesellschaft in eine Art Sisyphusarbeit. Diese Sisyphusarbeit ist allerdings unentbehrlich, soll der Arbeiter überhaupt zu der ihm nach der jeweiligen Marktlage zufallenden Lohnrate kommen, soll das kapitalistische Lohngesetz verwirklicht und die herabdrückende Tendenz der wirtschaftlichen Entwicklung in ihrer Wirkung paralysiert, oder genauer, abgeschwächt werden. Gedenkt man aber, die Gewerkschaften in ein Mittel zur stufenweisen Verkürzung des Profits zugunsten des Arbeitslohnes zu verwandeln, so setzt dies vor allem als soziale Bedingung erstens einen Stillstand in der Proletarisierung der Mittelschichten und dem Wachstum der Arbeiterklasse, zweitens einen Stillstand in dem Wachstum der Produktivität der Arbeit, also in beiden Fällen – ganz wie die Verwirklichung der konsumgenossenschaftlichen Wirtschaft – *einen Rückgang auf vorgroßkapitalistische Zustände voraus.*

Die beiden Bernsteinschen Mittel der sozialistischen Reform: die Genossenschaften und die Gewerkschaften erweisen sich somit als gänzlich unfähig, die kapitalistische *Produktionsweise* umzugestalten. Bernstein ist sich dessen im Grunde genommen auch selbst dunkel bewußt und faßt sie bloß als Mittel auf, den kapitalistischen *Profit* abzuzwacken, und die Arbeiter auf diese Weise zu bereichern. Damit verzichtet er aber selbst auf den Kampf mit der *kapitalistischen Produktionsweise* und richtet die sozialdemokratische Bewegung auf den Kampf gegen die *kapitalistische Verteilung.* Bernstein formuliert auch wiederholt seinen Sozialismus als das Bestreben nach einer „gerechten", „gerechteren" (S.51 seines Buches), ja einer „noch gerechteren" (Vorwärts vom 26. März 1899) Verteilung.

Der nächste Anstoß zur sozialdemokratischen Bewegung wenigstens bei den Volksmassen ist freilich auch die „ungerechte" Verteilung der kapitalistischen Ordnung. Und indem sie für die Vergesellschaftung der gesamten Wirtschaft kämpft, strebt die Sozialdemokratie dadurch selbstverständlich auch eine „gerechte" Verteilung des gesellschaftlichen Reichtums an. Nur richtet sie ihren Kampf, dank der von Marx gewonnenen Einsicht, daß die jeweilige Verteilung bloß eine naturgesetzliche Folge der jeweiligen Produktionsweise ist, nicht auf die Verteilung im *Rahmen* der kapitalistischen Produktion, sondern auf die Aufhebung der Warenproduktion selbst. Mit einem Wort, die Sozialdemokratie will die *sozialistische Verteilung* durch die Beseitigung der *kapitalistischen Produktionsweise* herbeiführen, während das Bernsteinsche Verfahren ein direkt umgekehrtes ist; er will die *kapitalistische Verteilung* bekämpfen und hofft auf diesem Wege allmählich die *sozialistische Produktionsweise* herbeizuführen.

Wie kann aber in diesem Falle die Bernsteinsche sozialistische Reform begründet werden? Durch bestimmte Tendenzen der kapitalistischen Produktion? Keineswegs, denn erstens leugnet er ja diese Tendenzen, und zweitens ist bei ihm nach dem vorher Gesagten die erwünschte Gestaltung der Produktion Ergebnis und nicht Ursache der Verteilung. Die Begründung *seines* Sozialismus kann also keine ökonomische sein. Nachdem er Zweck und Mittel des Sozialismus und damit die ökonomischen Verhältnisse auf den Kopf gestellt hat, *kann* er keine materialistische Begründung für sein Programm geben, *ist er gezwungen,* zu einer idealistischen zu greifen.

„Wozu die Ableitung des Sozialismus aus dem ökonomischen Zwange?" hören wir ihn sagen. „Wozu die Degradierung der *Einsicht,* des *Rechtsbewußtseins,* des *Willens* der Menschen?" (Vorwärts vom 26. März 1899). Die Bernsteinsche gerechtere Verteilung soll also kraft des freien, nicht im Dienste der wirtschaftlichen Notwendigkeit wirkenden Willens der Menschen oder, genauer, da der Wille selbst bloß ein Instrument ist, kraft der Einsicht in die Gerechtigkeit, kurz, kraft der *Gerechtigkeitsidee* verwirklicht werden.

Da sind wir glücklich bei dem Prinzip der Gerechtigkeit angelangt, bei diesem alten, seit Jahrtausenden von allen Weltverbesserern in Ermangelung sicherer geschichtlicher Beförderungsmittel gerittenen Renner, bei der klapprigen Rosinante, auf der alle Don Quichottes der Geschichte zur großen Weltreform hinausritten, um schließlich nichts andres heimzubringen als ein blaues Auge.

Das Verhältnis von arm und reich als gesellschaftliche Grundlage des Sozialismus, das „Prinzip" der Genossenschaftlichkeit als sein Inhalt, die „gerechtere Verteilung" als sein Zweck und die Idee der Gerechtigkeit als seine einzige geschichtliche Legitimation – mit wieviel mehr Kraft, mit wieviel mehr Geist, mit wieviel mehr Glanz vertrat Weitling vor mehr als 50 Jahren *diese Sorte* von Sozialismus! Allerdings kannte der geniale Schneider den wissenschaftlichen Sozialismus noch nicht. Und wenn heute, nach einem halben Jahrhundert, seine von Marx und Engels in kleine Fetzen zerzauste Auffassung glücklich wieder zusammengeflickt und dem deutschen Proletariat als letztes Wort der Wissenschaft angeboten wird, so gehört dazu allenfalls auch ein Schneider ... aber kein genialer.

Wie die Gewerkschaften und Genossenschaften ökonomische Stützpunkte, so ist die wichtigste *politische* Voraussetzung der revisionistischen Theorie eine stets fortschreitende Entwicklung der *Demokratie.* Die heutigen Reaktionsausbrüche sind dem Revisionismus nur „Zuckungen" die er für zufällig und vorübergehend hält, und mit denen bei der Aufstellung der allgemeinen Richtschnur für den Arbeiterkampf nicht zu rechnen sei.

Nach Bernstein z. B. erscheint die Demokratie als eine unvermeidliche Stufe in der Entwicklung der modernen Gesellschaft, ja, die Demokratie ist ihm, ganz wie dem bürgerlichen Theoretiker der Liberalismus, das große Grundgesetz der geschichtlichen Entwicklung überhaupt, dessen Verwirklichung alle wirkenden Mächte des politischen Lebens dienen müssen. Das ist aber in dieser absoluten Form grundfalsch und nichts als eine kleinbürgerliche, und zwar oberflächliche Schablonisierung der Ergebnisse eines kleinen Zipfelchens der bürgerlichen Entwicklung, etwa der letzten 25 bis 30 Jahre. Sieht man sich die Entwicklung der Demokratie in der Geschichte und zugleich die politische Geschichte des Kapitalismus näher an, so kommt ein wesentlich anderes Resultat heraus.

Was das erstere betrifft, so finden wir die Demokratie in den verschiedensten Gesellschaftsformationen: in den ursprünglichen kommunistischen Gesellschaften, in den antiken Sklavenstaaten, in den mittelalterlichen städtischen Kommunen. Desgleichen begegnen wir dem Absolutismus und der konstitutionellen Monarchie in den verschiedensten wirtschaftlichen Zusammenhängen. Andererseits ruft der Kapitalismus in seinen Anfängen – als Warenproduktion – eine demokratische Verfassung in den städtischen Kommunen ins Leben; später, in seiner entwickelteren Form, als Manufaktur, findet er in der absoluten Monarchie seine entsprechende politische Form. Endlich als entfaltete industrielle Wirtschaft erzeugt er in Frankreich abwechselnd die demokratische Republik (1793), die absolute Monarchie Napoleons I., die Adelsmonarchie der Restaurationszeit (1815 bis 1830), die bürgerliche konstitutionelle Monarchie des Louis-Philippe, wieder die demokratische Republik, wieder die Monarchie Napoleons III., endlich zum drittenmal die Republik. In Deutschland ist die einzige wirkliche demokratische Einrichtung, das allgemeine Wahlrecht, nicht eine Errungenschaft des bürgerlichen Liberalismus, sondern ein Werkzeug der politischen Zusammenschweißung der Kleinstaaterei und hat bloß insofern eine Bedeutung in der Entwicklung der deutschen Bourgeoisie, die sich sonst mit einer halbfeudalen konstitutionellen Monarchie zufrieden gibt. In Rußland gedieh der Kapitalismus lange unter dem orientalischen Selbstherrschertum, ohne daß die Bourgeoisie Miene machte, sich nach der Demokratie zu sehnen. In Österreich ist das allgemeine Wahlrecht zum großen Teil als ein Rettungsgürtel für die auseinanderfallende *Monarchie* erschienen. In Belgien endlich steht die demokratische Errungenschaft der Arbeiterbewegung – das allgemeine Wahlrecht – in unzweifelhaftem Zusammenhang mit der Schwäche des Militarismus, also mit der besonderen geographisch-politischen Lage Belgiens, und vor allem ist sie eben ein nicht durch die Bourgeoisie, sondern gegen die Bourgeoisie erkämpftes „Stück Demokratie".

Der ununterbrochene Aufstieg der Demokratie, der unserem Revisionismus wie dem bürgerlichen Freisinn als das große Grundgesetz der menschlichen und zum mindesten der modernen Geschichte erscheint, ist somit nach näherer Betrachtung ein Luftgebilde. Zwischen der kapitalistischen Entwicklung und der Demokratie läßt sich kein allgemeiner absoluter Zusammenhang konstruieren. Die politische Form ist jedesmal das Ergebnis der ganzen Summe politischer, innerer und äußerer, Faktoren und läßt in ihren Grenzen die ganze Stufenleiter von der absoluten Monarchie bis zur demokratischen Republik zu.

Wenn wir somit von einem allgemeinen geschichtlichen Gesetz der Entwicklung der Demokratie auch im Rahmen der modernen Gesellschaft absehen müssen und uns bloß an die gegenwärtige Phase der bürgerlichen Geschichte wenden, so sehen wir auch hier in der politischen Lage Faktoren, die nicht zur Verwirklichung des Bernsteinschen Schemas, sondern vielmehr gerade umgekehrt, zur Preisgabe der bisherigen Errungenschaften seitens der bürgerlichen Gesellschaft führen.

Einerseits haben die demokratischen Einrichtungen, was höchst wichtig ist, für die bürgerliche Entwicklung in hohem Maße ihre Rolle ausgespielt. Insofern sie zur Zusammenschweißung der Kleinstaaten und zur Herstellung moderner Großstaaten notwendig waren (Deutschland, Italien), hat die wirtschaftliche Entwicklung inzwischen eine innere organische Verwachsung herbeigeführt.

Dasselbe gilt in bezug auf die Umgestaltung der ganzen politisch-administrativen Staatsmaschine aus einem halb- oder ganzfeudalen in einen kapitalistischen Mechanismus. Diese Umgestaltung, die geschichtlich von der Demokratie unzertrennlich war, ist heute gleichfalls in so hohem Maße erreicht, daß die rein demokratischen Ingredienzien des Staatswesens, das allgemeine Wahlrecht, die republikanische Staatsform, an sich ausscheiden könnten, ohne daß die Administration, das Finanzwesen, das Wehrwesen usw. in die vormärzlichen Formen zurückzufallen brauchten.

Ist auf diese Weise der Liberalismus für die bürgerliche Gesellschaft als solche wesentlich überflüssig, so anderseits in wichtigen Beziehungen direkt ein Hindernis geworden. Hier kommen zwei Faktoren in Betracht, die das gesamte politische Leben der heutigen Staaten geradezu beherrschen: die *Weltpolitik* und die *Arbeiterbewegung* – beides nur zwei verschiedene Seiten der gegenwärtigen Phase der kapitalistischen Entwicklung.

Die Ausbildung der Weltwirtschaft und die Verschärfung und Verallgemeinerung des Konkurrenzkampfes auf dem Weltmarkte haben den Militarismus und Marinismus als Werkzeuge der Weltpolitik zum tonangebenden Moment ebenso des äußeren wie des inneren Lebens der Großstaaten gemacht. Ist aber die Weltpolitik und der Militarismus eine *aufsteigende* Tendenz der heutigen Phase, so muß sich folgerichtig die bürgerliche Demokratie auf *absteigender* Linie bewegen. In Deutschland wurden die Ära der großen Rüstungen, die seit 1893 datiert, und die mit Kiautschou inaugurierte Weltpolitik sofort mit zwei Opfern von der bürgerlichen Demokratie: dem Zerfall des Freisinns und dem Umfall des Zentrums aus einer Oppositionspartei zur Regierungspartei bezahlt. Die jüngsten Reichstagswahlen 1907, die unter dem Zeichen der Kolonialpolitik ausgefochten wurden, sind zugleich das historische Begräbnis des deutschen Liberalismus.

Treibt somit die auswärtige Politik die Bourgeoisie in die Arme der Reaktion, so nicht minder die innere Politik – die aufstrebende Arbeiterklasse. Bernstein gibt dies selbst zu, indem er die sozialdemokratische „Freßlegende", d. h. die sozialistischen Bestrebungen der Arbeiterklasse für die Fahnenflucht der liberalen Bourgeoisie verantwortlich macht. Er rät dem Proletariat im Anschluß daran, um den zu Tode erschrockenen Liberalismus wieder aus dem Mauseloche der Reaktion hervorzulocken, sein sozialistisches Endziel fallen zu lassen. Damit beweist er aber selbst am schlagendsten, indem er den Wegfall der sozialistischen Arbeiterbewegung zur Lebensbedingung und zur sozialen Voraussetzung der bürgerlichen Demokratie heute macht, daß diese Demokratie in gleichem Maße der inneren Entwicklungstendenz der heutigen Gesellschaft widerspricht, wie die sozialistische Arbeiterbewegung *ein direktes Produkt* dieser Tendenz ist.

Aber er beweist damit noch ein weiteres. Indem er den Verzicht auf das sozialistische Endziel seitens der Arbeiterklasse zur Voraussetzung und Bedingungen des Wiederauflebens der bürgerlichen Demokratie macht, zeigt er selbst, wie wenig, umgekehrt die bürgerliche Demokratie eine notwendige Voraussetzung und Bedingung der sozialistischen Bewegung und des sozialistischen Sieges sein kann. Hier schließt sich das Bernsteinsche Räsonnement zu einem fehlerhaften Kreis, wobei die letzte Schlußfolgerung seine erste Voraussetzung „frißt".

Der Ausweg aus diesem Kreise ist ein sehr einfacher: Aus der Tatsache, daß der bürgerliche Liberalismus vor Schreck vor der aufstrebenden Arbeiterbewegung und ihren Endzielen seine Seele ausgehaucht hat, folgt nur, daß die sozialistische Arbeiterbewegung eben heute die *einzige* Stütze der Demokratie ist und sein kann, und daß nicht die Schicksale der sozialistischen Bewegung an die bürgerliche Demokratie, sondern umgekehrt die Schicksale der demokratischen Entwicklung an die sozialistische Bewegung gebunden sind. Daß die Demokratie nicht in dem Maße lebensfähig wird, als die Arbeiterklasse ihren Emanzipationskampf aufgibt, sondern umgekehrt, in dem Maße, als die sozialistische Bewegung stark genug wird, gegen die reaktionären Folgen der Weltpolitik und der bürgerlichen Fahnenflucht anzukämpfen. Daß, wer die Stärkung der Demokratie wünscht, auch Stärkung und nicht Schwächung der sozialistischen Bewegung wünschen muß, und daß mit dem Aufgeben der sozialistischen Bestrebungen ebenso die Arbeiterbewegung wie die Demokratie aufgegeben wird.

3. Die Eroberung der politischen Macht

Die Schicksale der Demokratie sind, wie wir gesehen, an die Schicksale der Arbeiterbewegung gebunden. Aber macht denn die Entwicklung der Demokratie auch im besten Falle eine proletarische Revolution im Sinne der Ergreifung der Staatsgewalt, der Eroberung der politischen Macht überflüssig oder unmöglich?

Bernstein entscheidet diese Frage auf dem Wege einer gründlichen Abwägung der guten und schlechten Seiten der gesetzlichen Reform und der Revolution, und zwar mit einer Behaglichkeit, die an das Abwägen von Zimt und Pfeffer in einem Konsumverein erinnert. In dem gesetzlichen Gang der Entwicklung sieht er die Wirkung des Intellekts, in dem revolutionären die des Gefühls, in der Reformarbeit eine langsame, in der Revolution eine rasche Methode des geschichtlichen Fortschritts, in der Gesetzgebung eine planmäßige, in dem Umsturz eine elementarische Gewalt. (S. 183)

Es ist nun eine alte Geschichte, daß der kleinbürgerliche Reformer in allen Dingen der Welt eine „gute" und eine „schlechte" Seite sieht und daß er von allen Blumenbeeten nascht. Eine ebenso alte Geschichte ist aber, daß der wirkliche Gang der Dinge sich um kleinbürgerliche Kombinationen sehr wenig kümmert und das sorgfältigst zusammengeschleppte Häuflein „guter Seiten" von allen möglichen Dingen der Welt mit einem Nasenstüber in die Luft sprengt. Tatsächlich sehen wir in der Geschichte die gesetzliche Reform und die Revolution nach tieferen Gründen als den Vorzügen oder Nachteilen dieses oder jenes Verfahrens funktionieren.

In der Geschichte der bürgerlichen Gesellschaft diente die gesetzliche Reform zur allmählichen Erstarkung der aufstrebenden Klasse, bis sie sich reif genug fühlte, die politische Macht zu erobern und das ganze bestehende Rechtssystem umzuwerfen, um ein neues aufzubauen. Bernstein, der gegen die Eroberung der politischen Macht als eine blanquistische Gewalttheorie wettert, passiert das Malheur, daß er das, was seit Jahrhunderten der Angelpunkt und die Triebkraft der menschlichen Geschichte ist, für einen blanquistischen Rechenfehler hält. Seit die Klassengesellschaften existieren und der Klassenkampf den wesentlichen Inhalt ihrer Geschichte bildet, war nämlich die Eroberung der politischen Macht stets ebenso das Ziel aller aufstrebenden Klassen, wie der Ausgangs- und der Endpunkt jeder geschichtlichen Periode. Dies sehen wir in den langen Kämpfen des Bauerntums mit den Geldkapitalisten und dem Adel im alten Rom, in den Kämpfen des Patriziertums mit den Bischöfen und des Handwerkertums mit den Patriziern mit den mittelalterlichen Städten, in den Kämpfen der Bourgeoisie mit dem Feudalismus in der Neuzeit.

Die gesetzliche Reform und die Revolution sind also nicht verschiedene Methoden des geschichtlichen Fortschritts, die man in dem Geschichtsbüfett nach Belieben wie heiße Würstchen oder kalte Würstchen auswählen kann, sondern verschiedene *Momente* in der Entwicklung der Klassengesellschaft, die einander ebenso bedingen und ergänzen, zugleich aber ausschließen, wie z. B. Südpol und Nordpol, wie Bourgeoisie und Proletariat.

Und zwar ist die jeweilige gesetzliche Verfassung bloß ein *Produkt* der Revolution. Während die Revolution der politische Schöpfungsakt der Klassengeschichte ist, ist die Gesetzgebung das politische Fortvegetieren der Gesellschaft. Die gesetzliche Reformarbeit hat eben in sich keine eigene, von der Revolution unabhängige Triebkraft, sie bewegt sich in jeder Geschichtsperiode nur auf der Linie und solange, als in ihr der ihr durch die letzte Umwälzung gegebene Fußtritt nachwirkt, oder, konkret gesprochen, nur *im Rahmen* der durch die letzte Umwälzung in die Welt gesetzten Gesellschaftsform. Das ist eben der Kernpunkt der Frage.

Es ist grundfalsch und ganz ungeschichtlich, sich die gesetzliche Reformarbeit bloß als die ins Breite gezogene Revolution und die Revolution als die zusammengedrängte Reform vorzustellen. Eine soziale Umwälzung und eine gesetzliche Reform sind nicht durch *die Zeitdauer,* sondern durch das *Wesen* verschiedene Momente. Das ganze Geheimnis der geschichtlichen Umwälzungen durch den Gebrauch der politischen Macht liegt ja gerade in dem Umschlage der bloßen quantitativen Veränderungen in eine neue Qualität, konkret gesprochen in dem Übergange einer Geschichtsperiode, einer Gesellschaftsordnung in eine andere.

Wer sich daher für den gesetzlichen Reformweg *anstatt* und *im Gegensatz* zur Eroberung der politischen Macht und zur Umwälzung der Gesellschaft ausspricht, wählt tatsächlich nicht einen ruhigeren, sicheren, langsameren Weg zum *gleichen* Ziel, sondern auch ein *anderes* Ziel, nämlich statt der Herbeiführung einer neuen Gesellschaftsordnung bloß unwesentliche Veränderungen in der alten. So gelangt man von den politischen Ansichten des Revisionismus zu demselben Schluß, wie von seinen ökonomischen Theorien: daß sie im Grunde genommen nicht auf die Verwirklichung der *sozialistischen* Ordnung, sondern bloß auf die Reformierung der *kapitalistischen,* nicht auf die Aufhebung des Lohnsystems, sondern auf das Mehr oder Weniger der Ausbeutung, mit einem Worte auf die Beseitigung der kapitalistischen Auswüchse und nicht des Kapitalismus selbst abzielen.

Vielleicht behalten aber die obigen Sätze über die Funktion der gesetzlichen Reform und der Revolution ihre Richtigkeit bloß in bezug auf die bisherigen Klassenkämpfe? Vielleicht ist von nun an, dank der Ausbildung des bürgerlichen Rechtssystems, der gesetzlichen Reform auch die Überführung der Gesellschaft aus einer geschichtlichen Phase in eine andere zugewiesen und die Ergreifung der Staatsgewalt durch das Proletariat „zur inhaltlosen Phrase geworden", wie Bernstein auf Seite 183 seiner Schrift sagt?

Das gerade und direkte Gegenteil ist der Fall. Was zeichnet die bürgerliche Gesellschaft von den früheren Klassengesellschaften – der antiken und der mittelalterlichen – aus? Eben der Umstand, daß die Klassenherrschaft jetzt nicht auf „wohlerworbenen Rechten", sondern auf *tatsächlichen wirtschaftlichen Verhältnissen beruht,* daß das Lohnsystem nicht ein Rechtsverhältnis, sondern ein rein ökonomisches ist. Man wird in unserem ganzen Rechtssystem keine gesetzliche Formel der gegenwärtigen Klassenherrschaft finden. Gibt es Spuren von einer solchen, dann sind es eben, wie die Gesindeordnung, Überbleibsel der feudalen Verhältnisse.

Wie also die Lohnsklaverei „auf gesetzlichem Wege" stufenweise aufheben, wenn sie in den Gesetzen gar nicht ausgedrückt ist? Bernstein, der sich an die gesetzliche Reformarbeit machen will, um dem Kapitalismus auf diesem Wege ein Ende zu bereiten, gerät in die Lage jenes russischen Schutzmanns, der bei Uspenski sein Abenteuer erzählt: „Schnell packte ich den Kerl am Kragen und was stellte sich heraus? Daß der verdammte Kerl keinen Kragen hatte!" Da liegt eben der Hase im Pfeffer.

„Alle bisherige Gesellschaft beruhte … auf dem Gegensatz unterdrückender und unterdrückter Klassen." aber in den vorhergehenden Phasen der modernen Gesellschaft war dieser Gegensatz in bestimmten rechtlichen Verhältnissen ausgedrückt und konnte ebendeshalb bis zu einem gewissen Grad den aufkommenden neuen Verhältnissen noch im Rahmen der alten Raum gewähren. „Der Leibeigene hat sich zum Mitglied der Kommune in der Leibeigenschaft herausgearbeitet." (Kommunistisches Manifest, S.17) Wieso? Durch stufenweise Aufhebung im Weichbilde der Stadt aller jener Splitterrechte: der Fronden, Kurmeden, des Gewandrechts, Besthaupts, Kopfzinses, Heiratszwanges, Erbteilungsrechts etc. etc., deren Gesamtheit die Leibeigenschaft ausmachte.

Desgleichen arbeitete sich „der Kleinbürger zum Bourgeois unter dem Joch des feudalistischen Absolutismus" empor. (Das Kommunistische Manifest, S. 17.) Auf welchem Wege? Durch teilweise formelle Aufhebung oder tatsächliche Lockerung der Zunftfesseln, durch allmähliche Umbildung der Verwaltung, des Finanz- und Wehrwesens in dem allernotwendigsten Umfange.

Will man also abstrakt, anstatt geschichtlich, die Frage behandeln, so läßt sich bei den früheren Klassenverhältnissen ein rein gesetzlich-reformlerischer Übergang von der feudalen zur bürgerlichen Gesellschaft wenigstens *denken.* Was sehen wir aber in der Tat? Daß auch dort die gesetzlichen Reformen nicht dazu dienten, die Ergreifung der politischen Macht durch das Bürgertum überflüssig zu machen, sondern umgekehrt, sie vorzubereiten und herbeizuführen. Eine förmliche politisch-soziale Umwälzung war unentbehrlich, ebenso zur Aufhebung der Leibeigenschaft, wie zur Abschaffung des Feudalismus.

Ganz anders noch liegen aber die Dinge jetzt. Der Proletarier wird durch kein Gesetz gezwungen, sich in das Joch des Kapitals zu spannen, sondern durch die Not, durch den Mangel an Produktionsmitteln. Kein Gesetz in der Welt kann ihm aber im Rahmen der bürgerlichen Gesellschaft diese Mittel zudekretieren, weil er ihrer nicht durch Gesetz, sondern durch ökonomische Entwicklung beraubt wurde.

Ferner beruht die Ausbeutung *innerhalb* des Lohnverhältnisses gleichfalls nicht auf Gesetzen, denn in Höhe der Löhne wird nicht auf gesetzlichem Wege, sondern durch ökonomische Faktoren bestimmt. Und die Tatsache selbst der Ausbeutung beruht nicht auf einer gesetzlichen Bestimmung, sondern auf der rein wirtschaftlichen Tatsache, daß die Arbeitskraft als Ware auftritt, die unter anderem die angenehme Eigenschaft besitzt, Wert, und zwar *mehr* Wert zu produzieren, als sie selbst in den Lebensmitteln des Arbeiters vertilgt. Mit einem Worte, alle Grundverhältnisse der kapitalistischen Klassenherrschaft lassen sich durch gesetzliche Reformen auf bürgerlicher Basis deshalb nicht umgestalten, weil sie weder durch bürgerliche Gesetze herbeigeführt, noch die Gestalt von solchen Gesetzen erhalten haben. Bernstein weiß das nicht, wenn er eine sozialistische „Reform" plant, aber was er nicht weiß, das sagt er, indem er auf S.10 seines Buches schreibt, „das ökonomische Motiv heute frei auftritt, wo es früher durch Herrschaftsverhältnisse und Ideologien aller Art verkleidet war."

Aber es kommt noch ein zweites hinzu. Es ist die andere Besonderheit der kapitalistischen Ordnung, daß in ihr alle Elemente der künftigen Gesellschaft in ihrer Entwicklung vorerst eine Form annehmen, in der sie sich dem Sozialismus nicht nähern, sondern von ihm entfernen. In der Produktion wird immer mehr der gesellschaftliche Charakter zum Ausdruck gebracht. Aber in welcher Form? Von Großbetrieb, Aktiengesellschaft, Kartell, wo die kapitalistischen Gegensätze, die Ausbeutung, die Unterjochung der Arbeitskraft aufs höchste gesteigert werden.

Im Wehrwesen führt die Entwicklung die Verbreitung der allgemeinen Wehrpflicht, die Verkürzung der Dienstzeit, also materiell die Annäherung an das Volksheer herbei. Aber dies in der Form von modernem Militarismus, wo die Beherrschung des Volkes durch den Militärstaat, der Klassencharakter des Staates zum grellsten Ausdruck kommt.

In den politischen Verhältnissen führt die Entwicklung der Demokratie, insofern sie günstigen Boden hat, zur Beteiligung aller Volksschichten am politischen Leben, also gewissermaßen zum „Volksstaat". Aber dies in der Form des bürgerlichen Parlamentarismus, wo die Klassengegensätze, die Klassenherrschaft nicht aufgehoben sind, sondern vielmehr entfaltet und bloßgelegt werden. Weil sich die ganze kapitalistische Entwicklung somit in Widersprüchen bewegt, so muß, um den Kern der sozialistischen Gesellschaft aus der ihm widersprechenden kapitalistischen Hülle herauszuschälen, auch aus diesem Grunde zur Eroberung der politischen Macht durch das Proletariat und zur gänzlichen Aufhebung des kapitalistischen Systems gegriffen werden.

Bernstein zieht freilich andere Schlüsse daraus: Führte die Entwicklung der Demokratie zur Verschärfung und nicht zur Abschwächung der kapitalistischen Widersprüche, dann „müßte die Sozialdemokratie", antwortet er uns, „wenn sie sich nicht selbst die Arbeit erschweren will, Sozialreformen und die Erweiterung der demokratischen Einrichtungen nach Möglichkeit zu vereiteln streben" (S.71). Die allerdings, wenn die Sozialdemokratie nach kleinbürgerlicher Art an dem müßigen Geschäft des Auswählens aller guten Seiten und des Wegwerfens schlechter Seiten der Geschichte Geschmack fände. Nur müßte sie dann folgerichtig auch den ganzen Kapitalismus überhaupt „zu vereiteln streben", denn *er* ist doch unbestreitbar der Hauptbösewicht, der ihr alle Hindernisse auf dem Wege zum Sozialismus stellt. Tatsächlich gibt der Kapitalismus neben und zugleich mit *Hindernissen* auch die einzigen *Möglichkeiten,* das sozialistische Programm zu verwirklichen. Dasselbe gilt aber vollkommen auch in bezug auf die Demokratie.

Ist die Demokratie für die Bourgeoisie teils überflüssig, teils hinderlich geworden, so ist sie für die Arbeiterklasse dafür notwendig und unentbehrlich. Sie ist erstens notwendig, weil sie politische Formen (Selbstverwaltung, Wahlrecht u. dgl.) schafft, die als Ansätze und Stützpunkte für das Proletariat bei seiner Umgestaltung der bürgerlichen Gesellschaft dienen werden. Sie ist aber zweitens unentbehrlich, weil nur in ihr, in dem Kampfe um die Demokratie, in der Ausübung ihrer Rechte das Proletariat zum Bewußtsein seiner Klasseninteressen und seiner geschichtlichen Aufgaben kommen kann.

Mit einem Worte, die Demokratie ist unentbehrlich, nicht weil sie die Eroberung der politischen Macht durch das Proletariat *überflüssig*, sondern umgekehrt, weil sie diese Machtergreifung ebenso *notwendig*, wie auch einzig *möglich* macht. Wenn Engels die Taktik der heutigen Arbeiterbewegung in seinem Vorwort zu den Klassenkämpfen in Frankreich revidierte und den Barrikaden den gesetzlichen Kampf entgegenstellte, so behandelte er – *was aus jeder Zeile des Vorwortes klar ist* – nicht die Frage der endgültigen Eroberung der politischen Macht, sondern die des heutigen alltäglichen Kampfes, nicht das Verhalten des Proletariats gegenüber dem kapitalistischen Staate im Moment der Ergreifung der Staatsgewalt, sondern sein Verhalten *im Rahmen* des kapitalistischen Staates. Mit einem Wort, Engels gab die Richtschnur dem *beherrschten* Proletariat und nicht dem siegreichen.

Umgekehrt bezieht sich der bekannte Ausspruch von Marx über die Bodenfrage in England, auf den sich Bernstein gleichfalls beruft: „man käme wahrscheinlich am billigsten fort, wenn man die Landlords auskaufte" nicht auf das Verhalten des Proletariats *vor* seinem Siege, sondern *nach* dem Siege. Denn von „Auskaufen" der herrschenden Klassen kann offenbar nur dann die Rede sein, wenn die Arbeiterklasse am Ruder ist. Was Marx somit hier als möglich in Erwägung zog, ist die *friedliche Ausübung der proletarischen Diktatur* und nicht die Ersetzung der Diktatur durch kapitalistische Sozialreformen.

Die Notwendigkeit selbst der Ergreifung der politischen Macht durch das Proletariat war ebenso für Marx wie Engels zu allen Zeiten außer Zweifel. Und es blieb Bernstein vorbehalten, den Hühnerstall des bürgerlichen Parlamentarismus für das berufene Organ zu halten, wodurch die gewaltigste weltgeschichtliche Umwälzung: die Überführung der Gesellschaft aus den *kapitalistischen* in *sozialistische* Formen vollzogen werden soll.

Aber Bernstein hat ja seine Theorie bloß mit der Befürchtung und der Warnung angefangen, daß das Proletariat nicht *zu früh* ans Ruder komme! In diesem Falle müßte es nämlich nach Bernstein die bürgerlichen Zustände ganz so lassen, wie sie sind und selbst eine furchtbare Niederlage erleiden. Was aus dieser Befürchtung vor allem ersichtlich, ist, daß die Bernsteinsche Theorie für das Proletariat, falls es durch die Verhältnisse ans Ruder gebracht wäre, nur eine „praktische" Anweisung hat: sich schlafen zu legen. damit richtet sie sich aber ohne weiteres selbst als eine Auffassung, die das Proletariat in den wichtigsten Fällen des Kampfes zur Untätigkeit, also zum passiven Verrate an der eigenen Sache verurteilt.

Tatsächlich wäre unser ganzes Programm ein elender Wisch Papier, wenn es uns nicht für *alle* Eventualitäten und in *allen* Momenten des Kampfes zu dienen, und zwar durch seine *Ausübung* und nicht durch seine Nichtausübung zu dienen imstande wäre. Ist unser Programm einmal die Formulierung der geschichtlichen Entwicklung der Gesellschaft vom Kapitalismus zum Sozialismus, dann muß es offenbar auch alle Übergangsphasen dieser Entwicklung formulieren, in sich in den Grundzügen enthalten, also auch das entsprechende Verhalten im Sinne der Annäherung zum Sozialismus in *jedem* Moment dem Proletariat anweisen können. Daraus folgt, daß es überhaupt für das Proletariat *keinen Augenblick* geben kann, in dem es gezwungen wäre, sein Programm im Stiche zu lassen, oder wo es von diesem Programm könnte im Stiche gelassen werden.

Praktisch äußert sich das in der Tatsache, daß es keinen Moment geben kann, in dem das Proletariat, durch den Gang der Dinge ans Ruder gebracht, nicht in der Lage und auch nicht verpflichtet wäre, gewisse Maßregeln zur Verwirklichung seines Programms, gewisse Übergangsmaßregeln im Sinne des Sozialismus zu treffen. Hinter der Behauptung, das sozialistische Programm könnte in irgend einem Augenblick der politischen Herrschaft des Proletariats völlig versagen und gar keine Anweisungen zu seiner Verwirklichung geben, steckt unbewußt die andere Behauptung: *das sozialistische Programm sei überhaupt und jederzeit unrealisierbar.*

Und wenn die Übergangsmaßregeln verfrüht sind? Diese Frage birgt in sich einen ganzen Knäuel von Mißverständnissen in bezug auf den wirklichen Gang sozialer Umwälzungen.

Die Ergreifung der Staatsgewalt durch das Proletariat, d. h. durch eine große Volksklasse, läßt sich vor allem nicht künstlich herbeiführen. Sie setzt von selbst, abgesehen von Fällen,

wie die Pariser Kommune, wo die Herrschaft dem Proletariat nicht als Ergebnis seines zielbe-
wußten Kampfes, sondern ausnahmsweise als von allen verlassenes herrenloses Gut in den Schoß
fiel, einen bestimmten Reifegrad der ökonomisch-politischen Verhältnisse voraus. Hier liegt der
Hauptunterschied zwischen blanquistischen Staatsstreichen einer „entschlossenen Minderheit",
die jederzeit wie aus der Pistole geschossen und eben deshalb immer unzeitgemäß kommen,
und der Eroberung der Staatsgewalt durch die große und klassenbewußte Volksmasse, die selbst
nur das Produkt eines beginnenden Zusammenbruches der bürgerlichen Gesellschaft sein kann,
deshalb in sich selbst die ökonomisch-politische Legitimation ihrer zeitgemäßen Erscheinung
trägt.

Kann somit die Eroberung der politischen Macht durch die Arbeiterklasse vom Standpunkt
der gesellschaftlichen *Voraussetzungen* gar nicht „zu früh" geschehen, so muß sie andererseits
vom Standpunkte des politischen Effekts: der *Festhaltung* der Gewalt, notwendig „zu früh" statt-
finden. Die verfrühte Revolution, die Bernstein nicht schlafen läßt, bedroht uns wie das Da-
moklesschwert, und dagegen hilft kein Bitten und Beten, kein Bangen und Zagen. Und zwar
aus zwei sehr einfachen Gründen.

Erstens ist eine so gewaltige Umwälzung, wie die Überführung der Gesellschaft aus der kapitalistischen in die sozialistische Ordnung, ganz undenkbar auf *einen* Schlag, durch *einen* siegreichen Streich des Proletariats. Dies als möglich voraussetzen, hieße wiederum eine echt blanquistische Auffassung an den Tag legen. Die sozialistische Umwälzung setzt einen langen und
hartnäckigen Kampf voraus, wobei das Proletariat allem Anscheine nach mehr als einmal zu-
rückgeworfen wird, so daß es das erstemal, vom Standpunkte des Endresultates des ganzen
Kampfes gesprochen, notwendig „zu früh" ans Ruder gekommen sein wird.

Zweitens aber läßt sich das „verfrühte" Ergreifen der Staatsgewalt nicht vermeiden, indem
das Proletariat erst im Laufe jener Krisen, die seine Machtergreifung begleiten wird, die seine
Machtergreifung begleiten wird, erst im Feuer langer und hartnäckiger Kämpfe den erforderlichen Grad der politischen Reife erreichen kann, der es zur endgültigen großen Umwälzung
befähigen wird. So stellen sich denn jene *„verfrühten"* Angriffe des Proletariats auf die politische Staatsgewalt selbst als wichtige geschichtliche Momente heraus, die auch den *Zeitpunkt* des
endgültigen Sieges mitherbeiführen und mitbestimmen. Von diesem Standpunkte erscheint die
Vorstellung einer „verfrühten" Eroberung der politischen Macht durch das arbeitende Volk als
ein politischer Widersinn, der von einer mechanischen Entwicklung der Gesellschaft ausgeht
und einer *außerhalb* und *unabhängig* vom Klassenkampf bestimmten Zeitpunkt für den Sieg
des Klassenkampfes voraussetzt.

Da aber das Proletariat somit gar nicht imstande ist, die Staatsgewalt anders als „zu früh"
zu erobern, oder, mit anderen Worten, da es sie unbedingt einmal oder mehrmals „zu früh"
erobern muß, um sie schließlich dauernd zu erobern, so ist die Opposition gegen die *„verfrühte"*
Machtergreifung nichts als die Opposition gegen die *Bestrebung des Proletariats überhaupt, sich
der Staatsgewalt zu bemächtigen.*

Also auch von dieser Seite gelangen wir folgerichtig, wie durch alle Straßen nach Rom, zu
dem Ergebnis, daß die revisionistische Anweisung, das sozialistische Endziel fallen zu lassen,
auf die andere hinauskommt, auch die ganze sozialistische Bewegung aufzugeben.

4. Der Zusammenbruch

Bernstein hat seine Revision des sozialdemokratischen Programms mit dem Aufgeben der Theorie des kapitalistischen Zusammenbruchs angefangen. Da aber der Zusammenbruch der bürgerlichen Gesellschaft ein Eckstein des wissenschaftlichen Sozialismus ist, so mußte die Entfernung dieses Ecksteins logisch zum Zusammenbruche der ganzen sozialistischen Auffassung bei Bernstein führen. Im Laufe der Debatte gibt er, um seine erste Behauptung aufrecht zu erhalten, eine Position des Sozialismus nach der anderen preis.

Ohne Zusammenbruch des Kapitalismus ist die Expropriation der Kapitalistenklasse unmöglich – Bernstein verzichtet auf die Expropriation und stellt als Ziel der Arbeiterbewegung die allmähliche Durchführung des „Genossenschaftlichkeitsprinzips" auf

Aber die Genossenschaftlichkeit läßt sich inmitten der kapitalistischen Produktion nicht durchführen – Bernstein verzichtet auf die Vergesellschaftung der Produktion und kommt auf die Reform des Handels, auf den Konsumverein.

Aber die Umgestaltung der Gesellschaft durch die Konsumvereine, auch mit Gewerkschaften zusammen, verträgt sich nicht mit der tatsächlichen materiellen Entwicklung der kapitalistischen Gesellschaft – Bernstein gibt die materialistische Geschichtsauffassung auf.

Aber *seine* Auffassung von dem Gang der ökonomischen Entwicklung verträgt sich nicht mit dem Marxschen Mehrwertgesetz – Bernstein gibt das Mehrwert- und das Wertgesetz und damit die ganze ökonomische Theorie von Karl Marx auf.

Aber ohne bestimmtes Endziel und ohne ökonomischen Boden in der gegenwärtigen Gesellschaft kann der proletarische Klassenkampf nicht geführt werden – Bernstein gibt den Klassenkampf auf und verkündet die Aussöhnung mit dem bürgerlichen Liberalismus.

Aber in einer Klassengesellschaft ist der Klassenkampf eine ganz natürliche, unvermeidliche Erscheinung – Bernstein bestreitet in weiterer Konsequenz sogar das Bestehen der Klassen in unserer Gesellschaft: die Arbeiterklasse ist ihm bloß ein Haufen nicht nur politisch und geistig, sondern auch wirtschaftlich zersplitterter Individuen. Und auch die Bourgeoisie wird nach ihm nicht durch innere ökonomische Interessen, sondern bloß durch äußeren Druck – von oben oder von unten – politisch zusammengehalten.

Aber wenn es keinen ökonomischen Boden für den Klassenkampf und im Grunde genommen auch keine Klassen gibt, so erscheint nicht nur der künftige Kampf des Proletariats mit der Bourgeoisie unmöglich, sondern auch der bisherige, so erscheint die Sozialdemokratie selbst mit ihren Erfolgen unbegreiflich. Oder aber sie wird begreiflich gleichfalls nur als Resultat des politischen Regierungsdruckes, nicht als gesetzmäßiges Ergebnis der geschichtlichen Entwicklung, sondern als Zufallsprodukt des hohenzollernschen Kurses, nicht als legitimes Kind der kapitalistischen Gesellschaft, sondern als Bastard der Reaktion. So führt Bernstein mit zwingender Logik von der materialistischen Geschichtsauffassung zu der Frankfurter und der Vossischen Zeitung.

Es bleibt nur noch übrig, nachdem man die ganze sozialistische Kritik der kapitalistischen Gesellschaft abgeschworen hat, das Bestehende wenigstens im großen und ganzen auch befriedigend zu finden. Und auch davor schreckt Bernstein nicht zurück: er findet jetzt die Reaktion in Deutschland nicht so stark, „in den westeuropäischen Staaten ist von politischer Reaktion nicht viel zu merken", „in fast allen Ländern des Westens ist die Haltung der bürgerlichen Klassen der sozialistischen Bewegung gegenüber höchstens eine der Defensive und keine der Unterdrückung" (Vorwärts vom 26. März 1899). Die Arbeiter sind nicht verpaupert, sondern im Gegenteil immer wohlhabender, die Bourgeoisie ist politische fortschrittlich und sogar moralisch gesund, von Reaktion und Unterdrückung ist nichts zu sehen – und alles geht zum besten in dieser besten der Welten.

So kommt Bernstein ganz logisch und folgerichtig von A bis herunter auf Z. Er hatte damit angefangen, das *Endziel* um der Bewegung willen aufzugeben. Da es aber tatsächlich keine sozialdemokratische Bewegung ohne das sozialistische Endziel geben kann, so endet er notwendig damit, daß er auch die *Bewegung* selbst aufgibt.

Die ganze sozialistische Auffassung Bernsteins ist somit zusammengebrochen. Aus dem stolzen, symmetrischen, wunderbaren Bau des Marxschen Systems ist bei ihm nunmehr ein großer Schutthaufen geworden, in dem Scherben aller Systeme, Gedankensplitter aller großen und kleinen Geister eine gemeinsame Gruft gefunden haben. Marx und Proudhon, Leo von Buch und Franz Oppenheimer, Friedrich Albert Lange und Kant, Herr Prokopovitsch und Dr. Ritter von Neupauer, Herkner und Schulze-Gävernitz, Lassalle und Prof. Julius Wolf – alle haben ihr Scherflein zu dem Bernsteinschen System beigetragen, bei allen ist er in die Lehre gegangen. Und kein Wunder! Mit dem Verlassen des Klassenstandpunktes hat er den politischen Kompaß, mit dem Aufgeben des wissenschaftlichen Sozialismus die geistige Kristallisationsachse verloren, um die sich einzelne Tatsachen zum organischen Ganzen einer konsequenten Weltanschauung gruppieren.

Diese aus allen möglichen Systembrocken unterschiedslos zusammengewürfelte Theorie scheint auf den ersten Blick ganz vorurteilslos zu sein. Bernstein will auch nichts von einer „Parteiwissenschaft" oder richtiger von einer Klassenwissenschaft, ebensowenig von einem Klassenliberalismus, einer Klassenmoral hören. Er meint eine allgemein menschliche, abstrakte Wissenschaft, abstrakten Liberalismus, abstrakte Moral zu vertreten. Da aber die wirkliche Gesellschaft aus Klassen besteht, die diametral entgegengesetzte Interessen, Bestrebungen und Auffassungen haben, so ist eine allgemein menschliche Wissenschaft in sozialen Fragen, ein abstrakter Liberalismus, eine abstrakte Moral vorläufig eine Phantasie, eine Selbsttäuschung. Was Bernstein für seine allgemein menschliche Wissenschaft, Demokratie und Moral hält, ist bloß die herrschende, d. h. die bürgerliche Wissenschaft, die bürgerliche Demokratie, die bürgerliche Moral.

In der Tat! Wenn er das Marxsche ökonomische System abschwört, um auf die Lehren von Brentano, Böhm-Jevons, Say, Julius Wolf zu schwören, was tut er anderes, als die wissenschaftliche Grundlage der Emanzipation der Arbeiterklasse mit dem Apologetentum der Bourgeoisie vertauschen? Wenn er von dem allgemein menschlichen Charakter des Liberalismus spricht und den Sozialismus in seine Abart verwandelt, was tut er anderes, als dem Sozialismus den Klassencharakter, also den geschichtlichen Inhalt, also überhaupt jeden Inhalt nehmen und damit umgekehrt die historische Trägerin des Liberalismus, die Bourgeoisie, zur Vertreterin der allgemein menschlichen Interessen machen?

Und wenn er gegen „die Erhebung der materiellen Faktoren zu den omnipotenten (allmächtigen) Mächten der Entwicklung", gegen die „Verachtung des Ideals" in der Sozialdemokratie zu Felde zieht, wenn er dem Idealismus, der Moral das Wort redet, gleichzeitig aber gegen die einzige Quelle der moralischen Wiedergeburt des Proletariats, gegen den revolutionären Klassenkampf, eifert – was tut er im Grunde genommen anders, als der Arbeiterklasse die Quintessenz der Moral der Bourgeoisie: die Aussöhnung mit der bestehenden Ordnung und die Übertragung der Hoffnung ins jenseits der sittlichen Vorstellungswelt predigen?

Indem er endlich gegen die Dialektik seine schärfsten Pfeile richtet, was tut er anders, als gegen die spezifische Denkweise des aufstrebenden klassenbewußten Proletariats ankämpfen? Gegen das Schwert ankämpfen, das dem Proletariat die Finsternis seiner historischen Zukunft hat durchhauen helfen, gegen die geistige Waffe, womit es, materiell noch im Joch, die Bourgeoisie besiegt, weil es sie ihrer Vergänglichkeit überführt, ihr die Unvermeidlichkeit seines Sieges nachgewiesen, die Revolution im Reiche des Geistes bereits vollzogen hat! Indem Bernstein von der Dialektik Abschied nimmt und die Gedankenschaukel des Einerseits – Andererseits, Zwar – Aber, Obgleich – Dennoch, Mehr – Weniger sich aneignet, verfällt er ganz folgerichtig in die historisch bedingte Denkweise der untergehenden Bourgeoisie, eine Denkweise, die das getreue geistige Abbild ihres gesellschaftlichen Daseins und ihres politischen Tuns ist. Das politische Einerseits – Andererseits, Wenn und Aber der heutigen Bourgeoisie sieht genau so aus, wie die Denkweise Bernsteins, und die Bernsteinsche Denkweise ist das feinste und sicherste Symptom seiner bürgerlichen Weltanschauung.

Aber für Bernstein ist nunmehr auch das Wort „bürgerlich" kein Klassenausdruck, sondern ein allgemeingesellschaftlicher Begriff. Das bedeutet nur, daß er – folgerichtig bis zum Punkt über dem i – mit der Wissenschaft, Politik, Moral und Denkweise auch die geschichtliche Sprache des Proletariats mit derjenigen der Bourgeoisie vertauscht hat. Indem Bernstein unter „Bürger" unterschiedslos den Bourgeois und den Proletarier, also den Menschen schlechthin versteht, ist ihm tatsächlich der Mensch schlechthin zum Bourgeois, die menschliche Gesellschaft mit der bürgerlichen identisch geworden.

5. Der Opportunismus in Theorie und Praxis

Das Bernsteinsche Buch hat für die deutsche und die internationale Arbeiterbewegung eine große geschichtliche Bedeutung gehabt es war dies der erste Versuch, den opportunistischen Strömungen in der Sozialdemokratie eine theoretische Grundlage zu geben.

Die opportunistischen Strömungen datieren in unserer Bewegung, wenn man ihre sporadischen Äußerungen, wie in der bekannten Dampfsubventionsfrage, in Betracht zieht, seit längerer Zeit. Allein eine ausgesprochene einheitliche Strömung in diesem Sinne datiert erst seit Anfang der neunziger Jahre, seit dem Fall des Sozialistengesetzes und der Wiedereroberung des gesetzlichen Bodens. Vollmars Staatssozialismus, die bayerische Budgetabstimmung, der süddeutsche Agrarsozialismus, Heines Kompensationsvorschläge, Schippels Zoll- und Milizstandpunkt, das sind die Marksteine in der Entwicklung der opportunistischen Praxis.

Was kennzeichnete sie vor allem äußerlich? Die Feindseligkeit gegen „die Theorie". Und dies ist ganz selbstverständlich, denn unsere „Theorie", d. h. die Grundsätze des wissenschaftlichen Sozialismus, setzen der praktischen Tätigkeit ebenso in bezug auf die angestrebten *Ziele,* wie auf die anzuwendenden Kampf*mittel,* wie endlich selbst auf die Kampf*weise* sehr feste Schranken. Daher zeigt sich bei denjenigen, die nur den praktischen Erfolgen nachjagen wollen, das natürliche Bestreben, sich die Hände frei zu machen, d. h. unsere Praxis von der „Theorie" zu trennen, von ihr unabhängig zu machen.

Aber dieselbe Theorie schlug sie bei jedem praktischen Versuch auf den Kopf: der Staatssozialismus, Agrarsozialismus, die Kompensationspolitik, die Milizfrage sind eben soviel Niederlagen für den Opportunismus. Es ist klar, daß diese Strömung, wollte sie sich gegen unsere Grundsätze behaupten, folgerichtig dazu kommen mußte, sich an die Theorie selbst, an die Grundsätze heranzuwagen, statt sie zu ignorieren, sie zu erschüttern suchen und eine eigene Theorie zurechtzumachen. Ein dahingehender Versuch war eben die Bernsteinsche Theorie, und daher sahen wir auf dem Parteitag in Stuttgart alle opportunistischen Elemente sich sofort um das Bernsteinsche Banner gruppieren. Sind einerseits die opportunistischen Strömungen in der Praxis eine ganz natürliche, aus den Bedingungen unseres Kampfes und seinem Wachstum erklärliche Erscheinung, so ist andererseits die Bernsteinsche Theorie ein nicht minder selbstverständlicher Versuch, diese Strömungen in einem allgemeinen theoretischen Ausdruck zusammenzufassen, ihre eigenen theoretischen Voraussetzungen herauszufinden und mit dem wissenschaftlichen Sozialismus abzurechnen. Die Bernsteinsche Theorie war daher von vornherein die theoretische Feuerprobe für den Opportunismus, seine erste wissenschaftliche Legitimation.

Wie ist nun diese Probe ausgefallen? Wir haben es gesehen. Der Opportunismus ist nicht imstande, eine einigermaßen die Kritik aushaltende positive Theorie aufzustellen. Alles, was er kann, ist: die Marxsche Lehre zuerst in verschiedenen einzelnen Grundsätzen zu bekämpfen und zuletzt, da diese Lehre ein fest zusammengefügtes Gebäude darstellt, das ganze System vom obersten Stockwerke bis zum Fundament zu zerstören. Damit ist erwiesen, daß die opportunistische Praxis in ihrem Wesen, in ihren Grundlagen mit dem Marxschen System unvereinbar ist.

Aber damit ist ferner noch erwiesen, daß der Opportunismus auch mit dem Sozialismus überhaupt unvereinbar ist, daß seine innere Tendenz dahin geht, die Arbeiterbewegung in bürgerliche Bahnen hinüberzudrängen, d. h. den proletarischen Klassenkampf völlig lahmzulegen. Freilich ist proletarischer Klassenkampf mit dem Marxschen System – geschichtlich genommen – nicht identisch. Auch vor Marx und unabhängig von ihm hat es eine Arbeiterbewegung und verschiedene sozialistische Systeme gegeben, die jedes in seiner Weise ein den Zeitverhältnissen entsprechender theoretischer Ausdruck der Emanzipationsbestrebungen der Arbeiterklasse waren. Die Begründung des Sozialismus durch moralische Gerechtigkeitsbegriffe, der Kampf gegen die Verteilungsweise, statt gegen die Produktionsweise, die Auffassung der Klassengegensätze als Gegensatz von arm und reich, die Bestrebung, die „Genossenschaftlichkeit" auf die kapitalistische Wirtschaft aufzupropfen, alles das, was wir im Bernsteinschen System vorfinden, ist schon einmal dagewesen. Und diese Theorien waren zu *ihrer Zeit* bei all ihrer Unzulänglichkeit wirkliche Theorien des proletarischen Klassenkampfes, sie waren die waren die riesenhaften Kinderschuhe, worin das Proletariat auf der geschichtlichen Bühne marschieren lernte.

Aber *nachdem* einmal die Entwicklung des Klassenkampfes *selbst* und seiner gesellschaftlichen Bedingungen zur Abstreifung dieser Theorien und zur Formulierung der Grundsätze des wissenschaftlichen Sozialismus geführt hat, kann es – wenigstens in Deutschland – keinen Sozialismus mehr außer dem Marxschen, keinen sozialistischen Klassenkampf außerhalb der Sozialdemokratie geben. Nunmehr sind Sozialismus und Marxismus, proletarischer Emanzipationskampf und Sozialdemokratie identisch. Das Zurückgreifen auf vormarxsche Theorien des Sozialismus bedeutet daher heute nicht einmal den Rückfall in die riesenhaften Kinderschuhe des Proletariats, nein, es ist ein Rückfall in die zwerghaften, ausgetretenen Hausschuhe der Bourgeoisie.

Die Bernsteinsche Theorie war der *erste,* aber zugleich auch der *letzte* Versuch, dem Opportunismus eine theoretische Grundlage zu geben. Wir sagen: der letzte, weil er in dem Bernsteinschen System ebenso negativ in der Abschwörung des wissenschaftlichen Sozialismus, wie positiv in der Zusammenwürfelung aller verfügbaren theoretischen Konfusion so weit gegangen ist, daß ihm nichts zu tun mehr übrig bleibt. Durch das Bernsteinsche Buch hat der Opportunismus seine Entwicklung in der Theorie vollendet, seine letzten Konsequenzen gezogen.

Und die Marxsche Lehre ist nicht nur imstande, ihn theoretisch zu widerlegen, sondern sie ist es allein, die in der Lage ist, den Opportunismus als geschichtliche Erscheinung in dem Werdegange der Partei auch *zu erklären.* Der weltgeschichtliche Vormarsch des Proletariats bis zu seinem Siege ist tatsächlich „keine so einfache Sache". Die ganze Besonderheit dieser Bewegung liegt darin, daß hier zum erstenmal in der Geschichte die Volksmassen selbst und *gegen* alle herrschenden Klassen ihren Willen durchsetzen, diesen Willen aber ins jenseits der heutigen Gesellschaft, über sie hinaus setzen müssen. Diesen *Willen* können sich die Massen aber wiederum nur im beständigen Kampfe mit der bestehenden Ordnung, nur in ihrem Rahmen ausbilden. Die Vereinigung der großen Volksmasse mit einem über die ganze bestehende Ordnung hinausgehenden Ziele, des alltäglichen Kampfes mit der großen Weltreform, das ist das große Problem der sozialdemokratischen Bewegung, die sich auch folgerichtig auf dem ganzen Entwicklungsgange zwischen den beiden Klippen: zwischen dem Aufgeben des Massencharakters und dem Aufgeben des Endziels, zwischen dem Rückfall in die Sekte und dem Umfall in die bürgerliche Reformbewegung, zwischen Anarchismus und Opportunismus vorwärts arbeiten muß.

Die Marxsche Lehre hat freilich in ihrer theoretischen Rüstkammer schon vor einem halben Jahrhundert vernichtende Waffen ebenso gegen das eine wie gegen das andere Extrem geliefert. Da aber unsere Bewegung eben eine Massenbewegung ist, und die Gefahren, die ihr drohen, nicht aus den menschlichen Köpfen, sondern aus den gesellschaftlichen Bedingungen entspringen, so konnten die anarchistischen und die opportunistischen Seitensprünge nicht ein für allemal von vornherein durch die Marxsche Theorie verhütet werden: Sie müssen, erst nachdem sie in der Praxis Fleisch geworden, durch die Bewegung selbst, allerdings nur mit Hilfe der von Marx gelieferten Waffen, überwunden werden. Die geringere Gefahr, die anarchistischen Kindheitsmasern, hat die Sozialdemokratie bereits mit der „Unabhängigenbewegung" überwunden. die größere Gefahr – die opportunistische Wassersucht – überwindet sie gegenwärtig.

Bei dem enormen Wachstum der Bewegung in die Breite in den letzten Jahren, bei der Kompliziertheit der Bedingungen, worin und der Aufgaben, wofür nun der Kampf zu führen ist, mußte der Augenblick kommen, wo sich in der Bewegung Skeptizismus in bezug auf die Erreichung der großen Endziele, Schwankung in bezug auf das ideelle Element der Bewegung geltend machten. So und nicht anders kann und muß die große proletarische Bewegung verlaufen, und die Augenblicke des Wankens, des Zagens sind weit entfernt, eine Überraschung für die Marxsche Lehre zu sein, vielmehr von Marx längst vorausgesehen und vorausgesagt.

> Bürgerliche Revolutionen – schrieb Marx vor einem halben Jahrhundert in seinem
> Achtzehnten Brumaire – wie die des achtzehnten Jahrhunderts, stürmen rascher
> von Erfolg zu Erfolg, ihre dramatischen Effekte überbieten sich, Menschen und
> Dinge scheinen in Feuerbrillanten gefaßt, die Ekstase ist der Geist jedes Tages:

aber sie sind kurzlebig, bald haben sie ihren Höhepunkt erreicht, und ein langer Katzenjammer erfaßt die Gesellschaft, ehe sie die Resultate ihrer Drang- und Sturmperiode nüchtern sich aneignen lernt. Proletarische Revolutionen dagegen, wie die des neunzehnten Jahrhunderts, kritisieren beständig sich selbst, unterbrechen sich fortwährend in ihrem eignen Lauf, kommen auf das scheinbar Vollbrachte zurück, um es wieder von neuem anzufangen, verhöhnen grausam-gründlich die Halbheiten, Schwächen und Erbärmlichkeiten ihrer ersten Versuche, scheinen ihren Gegner niederzuwerfen, damit er neue Kräfte aus der Erde sauge und sich riesenhafter ihnen gegenüber wieder aufrichte, schrecken stets von neuem zurück vor der unbestimmten Ungeheuerlichkeit ihrer eigenen Zwecke, bis die Situation geschaffen ist, die jede Umkehr unmöglich macht, und die Verhältnisse selbst rufen: Hic Rhodus, hic salta! Hier ist die Rose, hier tanze!

Dies ist wahr geblieben, auch nachdem die Lehre des wissenschaftlichen Sozialismus aufgebaut worden ist. Die proletarische Bewegung ist damit noch nicht auf einmal, auch in Deutschland nicht, sozialdemokratisch geworden, sie *wird* sozialdemokratisch mit jedem Tage, sie wird es auch während und indem sie fortwährend die extremen Seitensprünge ins Anarchistische und ins Opportunistische überwindet, beides nur Bewegungsmomente der als *Prozeß* aufgefaßten Sozialdemokratie.

Angesichts dieses ist nicht die Entstehung der opportunistischen Strömung, sondern vielmehr ihre Schwäche überraschend. Solange sie bloß in Einzelfällen der Parteipraxis zum Durchbruch kam, konnte man noch hinter ihr eine irgendwie ernste theoretische Grundlage vermuten. Nun sie aber in dem Bernsteinschen Buche zum vollen Ausdruck gekommen ist, muß jedermann verwundert ausrufen: Wie, das ist alles, was Ihr zu sagen habt? Kein einziger Splitter von einem neuen Gedanken! Kein einziger Gedanke, der nicht schon vor Jahrzehnten von dem Marxismus niedergetreten, zerstampft, ausgelacht, in nichts verwandelt worden wäre!

Es genügte, daß der Opportunismus sprach, um zu zeigen, daß er nichts zu sagen hatte. Und darin liegt die eigentliche parteigeschichtliche Bedeutung des Bernsteinschen Buches.

Und so kann Bernstein noch beim Abschied von der Denkweise des revolutionären Proletariats, von der Dialektik und der materialistischen Geschichtsauffassung, sich bei ihnen für die mildernden Umstände bedanken, die sie seiner Wandlung zubilligen. Denn nur die Dialektik und die materialistische Geschichtsauffassung, hochherzig wie sie sind, lassen ihn als berufenes, aber unbewußtes Werkzeug erscheinen, wodurch das vorwärtsstürmende Proletariat seinen augenblicklichen Wankelmut zum Ausdruck gebracht hat, um ihn, bei Lichte besehen, hohnlachend und lockenschüttelnd weit von sich zu werfen.

Miliz und Militarismus

(1899)

I

Es ist nicht das erste und hoffentlich auch nicht das letzte Mal, daß sich aus den Reihen der Partei kritische Stimmen über einzelne unserer Programmforderungen und über unsere Taktik erheben. An sich kann das nicht genug begrüßt werden. Es kommt aber dabei vor allem auf das Wie der Kritik an, und zwar verstehen wir unter dem Wie nicht den „Ton", mit dem es in der Partei leider Mode geworden ist, bei jeder Gelegenheit Aufhebens zu machen, sondern etwas viel Wichtigeres – die allgemeinen Grundlagen der Kritik, die bestimmte Weltanschauung, die in der Kritik zum Ausdruck kommt.

Tatsächlich liegt dem Kreuzzuge *Isegrim-Schippels* gegen die Milizforderung und für den Militarismus eine ganz konsequente sozialpolitische Weltanschauung zugrunde.

Der allgemeinste Standpunkt, von dem Schippel in seiner Verteidigung des Militarismus ausgeht, ist die Überzeugung von der *Notwendigkeit* dieses militärischen Systems. Er beweist durch alle möglichen Argumente kriegstechnisch, sozialer und wirtschaftlicher Natur die Unentbehrlichkeit der stehenden Heere. Und er hat allerdings von einem gewissen Standpunkte aus recht. Das stehende Heer, der Militarismus, sind tatsächlich unentbehrlich aber für wen? Für die heutigen herrschenden Klassen und die jetzigen Regierungen. Was folgt aber daraus anderes, als daß für die heutige Regierung und die herrschenden Klassen von *ihrem Klassenstandpunkt* die Abschaffung der stehenden Heere und die Einführung der Miliz, das heißt die Volksbewaffnung, als ein Ding der Unmöglichkeit, als eine Absurdität erscheinen mag? Und wenn Schippel seinerseits die Miliz gleichfalls für eine Unmöglichkeit und eine Absurdität hält, so zeigt er damit nur, daß er auch selbst in der Frage des Militarismus *auf bürgerlichem Standpunkte steht,* daß er sie mit den Augen der kapitalistischen Regierung oder der bürgerlichen Klassen betrachtet. Dies beweisen auch deutlich alle seine einzelnen Argumente. Er behauptet, die Ausrüstung aller Bürger mit Waffen, ein Grundpfeiler des Milizsystems, wäre unmöglich, weil wir kein Geld dazu hätten, „die Kulturaufgaben leiden so schon genug". Er geht dabei also einfach von der *heutigen* preußisch-deutschen Finanzwirtschaft aus, eine andere als die Miquelsche, zum Beispiel eine Heranziehung der kapitalistischen Klasse zu der Besteuerung in wachsendem Maße, kann er sich auch bei dem Milizsystem gar nicht vorstellen.

Schippel hält die militärische Jugenderziehung, einen anderen Grundpfeiler des Milizsystems, für unerwünscht, weil die Unteroffiziere als militärische Erzieher nach ihm den verderblichsten Einfluß auf die Jugend ausüben würden. Er geht dabei natürlich von dem heutigen preußischen Kasernenunteroffizier aus und überträgt ihn einfach in das fingierte Milizsystem als Jugenderzieher. Er erinnert mit dieser Auffassungsweise lebhaft an den Professor Julius Wolf, der einen wichtigen Einwand gegen die sozialistische Gesellschaftsordnung darin sieht, daß unter ihrer Herrschaft nach seiner Berechnung eine allgemeine Steigerung des Zinsfußes eintreten würde…

Schippel hält den heutigen Militarismus wirtschaftlich für unentbehrlich, weil er die Gesellschaft vom ökonomischen Druck „entlaste". Kautsky gibt sich alle erdenkliche Mühe, um zu erraten, wie sich denn der Sozialdemokrat Schippel diese „Entlastung" durch den Militarismus gedacht haben mag, und begleitet jede mögliche Deutung mit trefflichen Erwiderungen. Schippel hat aber die Sache offenbar gar nicht als Sozialdemokrat, gar nicht vom Standpunkt des arbeitenden Volkes angefaßt. Wenn er von „Entlastung" redete, so liegt es auf der Hand, daß er an *das Kapital* dachte. Und darin hat er allerdings recht: für das Kapital ist der Militarismus eine der wichtigsten Anlageformen, vom Standpunkt des Kapitals ist der Militarismus allerdings eine *Entlastung.* Und daß Schippel hier als richtiger Vertreter der Kapitalsinteressen spricht, zeigt sich schon dadurch, daß er in diesem Punkte einen berufenen Gewährsmann gefunden hat.

„Ich behaupte, meine Herren", wurde im Reichstag in der Sitzung vom 12. Januar 1899 gesagt, „es ist auch ganz falsch, wenn man sagt, die zwei Milliarden Reichsschulden betreffen lediglich unproduktive Ausgaben, es stehen ihnen in keiner Weise produktive Einnahmen entgegen. *Ich behaupte, es gibt gar keine produktivere Anlage, als die Ausgaben für die Armee."* Das Stenogramm meldet dabei allerdings „Heiterkeit links" … Der Redner war – *Freiherr von Stumm.*

Es ist eben für alle Behauptungen Schippels charakteristisch, nicht sowohl daß sie an sich *falsch* sind, sondern daß sie den Standpunkt der bürgerlichen Gesellschaft zur Grundlage haben; deshalb erscheint auch bei Schippel alles, vom sozialdemokratischen Gesichtspunkt gesehen, auf den Kopf gestellt: die stehende Armee unentbehrlich, der Militarismus wirtschaftlich heilsam, die Miliz unpraktisch usw.

Es ist auffallend, wie der Schippelsche Standpunkt in der Frage des Militarismus in allen Hauptpunkten mit seinem Standpunkt in der anderen wichtigsten Frage des politischen Kampfes – in der Zollpolitik, übereinstimmt.

Vor allem haben wir hier wie dort das entschiedene Ablehnen, diese oder jene Stellungnahme zur Frage mit Demokratie oder Reaktion zu verbinden. Die Behauptung, als sei Freihandel mit Fortschritt und Schutzzöllnerei mit Reaktion identisch, hieß es im Referate auf dem Stuttgarter Parteitag – sei falsch. Lange und breite geschichtliche Erinnerungen sollten beweisen, daß man sehr gut ein Freihändler und zugleich Reaktionär, dagegen Schutzzöllner und glühender Freund der Demokratie sein kann. Fast mit den gleichen Worten hören wir jetzt: „Es gibt *Milizschwärmer,* die das heutige Erwerbsleben mit endlos ewigen Störungen und Unterbrechungen heimsuchen und den Unteroffiziersgeist selbst bis in die letzten Schulklassen unserer Knaben und Knäblein hinein verpflanzen wollen – *viel schlimmer wie der heutige Militarismus.* Es gibt Gegner der Miliz, die jeder und vollends einer derartigen Überwucherung der militärisien Eingriffe und Anforderungen todfeind sind.“

Aus der Tatsache, daß die *bürgerlichen* Politiker in diesen, wie in allen Fragen keine *prinzipielle* Stellung einnehmen, daß sie Gelegenheitspolitik treiben, folgert der Sozialdemokrat Schippel auch für sich das Recht und die Notwendigkeit, den inneren reaktionären Kern des Schutzzolles und des Militarismus, respektive die fortschrittliche Bedeutung des Freihandels und der Miliz zu verkennen, das heißt gleichfalls *keine prinzipielle Stellung zu den beiden Fragen einzunehmen.*

Zweitens sehen wir hier wie dort gleichzeitig mit der Opposition gegen einzelne Übel der Schutzzollpolitik, respektive des Militarismus, die entschiedene Weigerung, beide Erscheinungen als solche im ganzen zu bekämpfen. In Stuttgart hörten wir im Schippelschen Referat von der Notwendigkeit, gegen einzelne übermäßige Zölle zu kämpfen, zugleich aber die Warnung: „sich festzulegen“, „sich die Hände zu binden“, d. h., den Schutzzoll immer und überall zu bekämpfen. Jetzt hören wir, daß Schippel wohl die „parlamentarische und agitatorische Bekämpfung *konkreter militärischer Forderungen*“ gelten läßt, daß er aber davor warnt, *„rein äußerliche Zufälligkeiten* und *sehr nebensächliche,* freilich auch sehr auffällige *Rückwirkungen* [des Militarismus – R.L.] auf die übrigen gesellschaftlichen Gebiete für sein Wesen und seinen Kern zu nehmen“.

Endlich, drittens, dies die Grundlage der beiden obigen Standpunkte, hier wie dort die ausschließliche Abschätzung der Erscheinung vom Standpunkte der *vorherigen* bürgerlichen Entwicklung, das heißt von der historisch bedingten *fortschrittlichen* Seite und die völlige Nichtbeachtung der weiteren, bevorstehenden Entwicklung und im Zusammenhang damit auch der *reaktionären* Seite der behandelten Erscheinungen. Der Schutzzoll ist für Schippel immer noch das, was er zu Zeiten des seligen Friedrich List vor mehr als einem halben Jahrhundert war: der große Fortschritt über die mittelalterlich-feudale wirtschaftliche Zersplitterung Deutschlands hinaus. Daß heute bereits der allgemeine Freihandel denselben notwendigen Schritt weiter über die innere wirtschaftliche Abgrenzung der eins gewordenen Weltwirtschaft ist, daß daher die nationalen Zollschranken heute eine Reaktion sind, das existiert für Schippel nicht.

Dasselbe in der Frage des Militarismus. Er betrachtet ihn immer noch vom Standpunkte des großen Fortschritts, den die stehende Armee auf Grund der allgemeinen Wehrpflicht gegen die ehemaligen Werbeheere und feudalen Armeen bedeutete. Dabei bleibt aber die Entwicklung für Schippel stehen: über das stehende Heer nur mit weiterer Verwirklichung der allgemeinen Wehrpflicht geht ihm die Geschichte nicht hinaus.

Was bedeuten aber diese charakteristischen Standpunkte, die Schippel ebenso in der Zoll- wie in der Militärfrage einnimmt? Sie bedeuten erstens eine *Politik von Fall zu Fall* anstatt einer prinzipiellen Stellungnahme und im Zusammmmenhang damit eine Bekämpfung bloß *der*

Auswüchse des Zoll- respektive Militärsystems anstatt der Bekämpfung *des Systems* selbst. Was ist diese Politik aber anderes, als unser guter Bekannter aus der letzten Zeit der Parteigeschichte – *der Opportunismus?*

Es ist wieder die „praktische Politik", die in der Isegrim-Schippelschen offenen Absage an das Milizpostulat, einen der grundlegenden Punkte unseres ganzen politischen Programms, ihre Triumphe feiert, und darin liegt vom parteipolitischen Standpunkte die eigentliche Bedeutung des Schippelschen Auftretens. Nur im Zusammenhang mit dieser ganzen Strömung und vom Gesichtspunkte der allgemeinen Grundlagen und Folgen des Opportunismus läßt sich die neueste sozialdemokratische Kundgebung zugunsten des Militarismus richtig beurteilen und abschätzen.

II

Das wesentliche Merkmal der opportunistischen Politik ist, daß sie folgerichtig stets dazu führt, die Endziele der Bewegung, die Interessen der Befreiung der Arbeiterklasse ihren nächsten, und zwar eingebildeten Interessen zum Opfer zu bringen. Daß dieses Postulat auch auf die Schippelsche Politik bis auf das Tüpfelchen über dem i paßt, läßt sich an einem seiner Hauptsätze in der Frage des Militarismus sinnenfällig aufzeigen. Der wichtigste wirtschaftliche Grund, der uns nach Schippel zwingt, an dem System des Militarismus festzuhalten, ist die ökonomische „Entlastung" der Gesellschaft durch dieses System. Wir sehen hier davon ab, daß diese seltsame Behauptung die einfachsten wirtschaftlichen Tatsachen ignoriert. Wir wollen im Gegenteil zur Kennzeichnung dieser Auffassungsweise für einen Augenblick annehmen, daß diese verkehrte Behauptung Wahrheit ist, daß die „Gesellschaft" tatsächlich durch den Militarismus von ihren überflüssigen Produktivkräften „entlastet" wird.

Wie kann sich diese Erscheinung für die Arbeiterklasse gestalten? Offenbar so, daß sie einen Teil ihrer Reservearmee, der Lohndrücker, durch die Erhaltung des ständigen Heeres los wird und dadurch ihre Arbeitsbedingungen verbessert. Was bedeutet das? Nur dies: Der Arbeiter gibt, um das Angebot auf dem Arbeitsmarkte zu verringern, um den Wettbewerb zu beschränken, erstens einen Teil seines Lohnes in Gestalt von Steuern her, um seinen Konkurrenten als Soldaten zu erhalten; zweitens schafft er aus diesem Konkurrenten ein Werkzeug, womit der kapitalistische Staat jede seiner Regungen zum Zwecke der Verbesserung seiner Lage (Ausstände, Koalition usw.) niederhalten, nötigenfalls im Blute ersticken, also dieselbe Aufbesserung der Lage des Arbeiters vereiteln kann, um derentwillen der Militarismus nach Schippel notwendig war. Drittens macht der Arbeiter diesen Konkurrenten zum sichersten Pfeiler der Reaktion überhaupt, also der eigenen sozialen Versklavung.

Mit anderen Worten: der Arbeiter beugt durch den Militarismus einer unmittelbaren Verminderung seines Lohnes um einen gewissen Betrag vor, verliert aber dafür in hohem Maße die Möglichkeit, *dauernd* um die Hebung seines Lohnes und die Verbesserung seiner Lage zu kämpfen. Er gewinnt als Verkäufer der Arbeitskraft, verliert aber zugleich die politische Bewegungsfreiheit als Bürger, um in letzter Linie auch als Verkäufer der Arbeitskraft zu verlieren. Er beseitigt einen Konkurrenten vom Arbeitsmarkte, um einen Hüter seiner Lohnsklaverei erstehen zu sehen, und verhütet eine Lohnherabsetzung, um sodann sowohl die Aussicht einer dauernden Aufbesserung seiner Lage als auch die Aussichten seiner endgültigen wirtschaftlichen, politischen und gesellschaftlichen Befreiung zu vermindern. Das ist die tatsächliche Bedeutung der wirtschaftlichen „Entlastung" der Arbeiterklasse durch den Militarismus. Hier wie bei allen Spekulationen der opportunistischen Politik sehen wir die großen Ziele der sozialistischen Klassenbefreiung kleinen praktischen Augenblicksinteressen geopfert, Interessen, die sich obendrein bei näherem Zusehen als wesentlich eingebildet erweisen.

Es fragt sich aber: wie konnte Schippel auf den so absurd klingenden Gedanken kommen, den Militarismus auch vom Standpunkte der Arbeiterklasse für eine „Entlastung" zu erklären? Erinnern wir uns, wie dieselbe Frage vom Standpunkte des *Kapitals* aussieht. Wir haben dargelegt, daß für das Kapital der Militarismus die gewinnreichste und unentbehrlichste Anlageart schafft. Es ist zwar klar, daß dieselben Mittel, die, durch Besteuerung in die Hände der Regierung gelangt, zur Erhaltung des Militarismus dienen wenn sie in der Hand der Bevölkerung geblieben wären, eine gewachsene Nachfrage nach Lebensmitteln darstellten, oder, vom Staate in größerem Maßstabe zu Kulturzwecken angewandt, gleichfalls eine entsprechende Nachfrage nach gesellschaftlicher Arbeit schaffen würden. Es ist zwar klar, daß auf diese Weise für die Gesellschaft im ganzen der Militarismus durchaus keine „Entlastung" ist. Allein anders gestaltet sich die Frage vom Standpunkte des kapitalistischen Profits, vom Unternehmerstandpunkte. Für den Kapitalisten ist es gar nicht gleich, ob er eine bestimmte Nachfrage nach Erzeugnissen auf seiten der zersplitterten Privatkäufer oder auf seiten des Staates findet. Die Nachfrage des Staates zeichnet sich durch eine Sicherheit, Massenhaftigkeit und günstige, meistens monopolartige Gestaltung der Preise aus, die den Staat zum vorteilhaftesten Abnehmer und die Lieferungen für ihn zum glänzendsten Geschäft für das Kapital machen.

Was aber besonders bei militärischen Lieferungen als höchst wichtiger Vorteil zum Beispiel vor staatlichen Ausgaben für Kulturzwecke (Schulen, Wege usw.) hinzukommt, sind die unaufhörlichen technischen Umwälzungen und das unaufhörliche Wachstum der Ausgaben, so daß der Militarismus eine unerschöpfliche, ja immer ergiebigere Quelle der kapitalistischen Gewinne darstellt und das Kapital zu einer sozialen Macht erhebt, wie sie dem Arbeiter zum Beispiel in den Kruppschen und Stummschen Unternehmungen entgegentritt. Der Militarismus, der für die Gesellschaft im ganzen eine ökonomisch völlig absurde Vergeudung ungeheurer Produktivkräfte darstellt, der für die Arbeiterklasse eine Herabsetzung ihres wirtschaftlichen Lebensmaßstabes zum Zwecke ihrer sozialen Versklavung bedeutet, bildet für die *Kapitalistenklasse* ökonomisch die glänzendste, unersetzliche Anlageart, wie gesellschaftlich und politisch die beste Stütze ihrer Klassenherrschaft. Wenn daher Schippel denselben Militarismus kurzerhand für eine notwendige ökonomische „Entlastung" erklärt, so verwechselt er offenbar nicht nur den Standpunkt der *gesellschaftlichen Interessen* mit dem der Kapitalinteressen und stellt sich somit - wie wir eingangs gesagt haben - auf bürgerlichen Standpunkt, sondern er geht auch, indem er annimmt, jeder ökonomische Vorteil des Unternehmertums sei notwendig auch ein Vorteil für die Arbeiterklasse, von dem Grundsatze *der Interessenharmonie zwischen Kapital und Arbeit* aus.

Es ist dies wiederum derselbe Standpunkt, den wir bei Schippel schon einmal kennengelernt haben - in der Zollfrage. Auch hier trat er, da er den Arbeiter *als Produzenten* vor dem verderblichen Wettbewerbe der ausländischen Industrie schützen wollte, im Prinzip für den Schutzzoll ein. Hier ganz wie in der Militärvorlage sieht er nun unmittelbare wirtschaftliche Interessen des Arbeiters und übersieht seine weiteren sozialen Interessen, die mit dem allgemeinen gesellschaftlichen Fortschritt zum Freihandel oder zur Abschaffung stehender Heere zusammenhängen. Und hier wie dort nimmt er auch für unmittelbares wirtschaftliches Interesse der Arbeiter unmittelbar das, was das Interesse des Kapitals ist, indem er glaubt, daß alles, was für das Unternehmertum ein Vorteil, auch für die Arbeiter ein solcher sei. Aufopferung der Endziele der Bewegung den praktischen Augenblickserfolgen und die Einschätzung der praktischen Interessen vom Standpunkte der Interessenharmonie zwischen Kapital und Arbeit - diese beiden Grundsätze stehen ebenso im harmonischen Zusammenhang untereinander, wie sie das wesentliche Merkmal aller opportunistischen Politik bilden.

Es kann auf den ersten Blick überraschen, daß ein Befürworter *dieser* Politik die Möglichkeit findet, sich auf die Schöpfer des sozialdemokratischen Programms zu berufen und allen Ernstes, da doch sein Gewährsmann in der Militärfrage der Freiherr v. Stumm ist, als seinen Gewährsmann in derselben Frage - Friedrich Engels zu betrachten. Es ist die Einsicht in die geschichtliche Notwendigkeit und die geschichtliche Entwicklung des Militarismus, die Schippel mit Engels gemein zu haben wähnt. Allein dies beweist nur wieder, daß, wie einst die schlecht verdaute Hegelsche Dialektik, so jetzt die schlecht verdaute Marxsche Geschichtsauffassung zu der heillosesten Verwirrung in den Köpfen führt. Es zeigt sich ferner abermals, daß beide, die dialektische Denkweise im allgemeinen, wie die materialistische Geschichtsphilosophie im besonderen, so revolutionär sie in richtiger Auffassung sind, gefährliche reaktionäre Konsequenzen erzeugen, sobald sie verkehrt aufgefaßt werden. Liest man Schippelsche Zitate aus Engels, namentlich aus dem Anti-Dühring, über die Entwicklung des militärischen Systems zu seiner eigenen Aufhebung und zum Volksheer, so erscheint es auf den ersten Blick unklar, worin denn eigentlich der Unterschied zwischen der Schippelschen und der parteiüblichen Auffassung der Frage liegt. Wir betrachten den Militarismus, wie er leibt und lebt, als eine natürliche und unvermeidliche Blüte der gesellschaftlichen Entwicklung - Schippel auch. Wir behaupten, daß der Militarismus in seiner weiteren Entwicklung zum Volksheer führt - Schippel auch. Wo ist denn der Unterschied, der Schippel zu seiner reaktionären Opposition gegen die Milizforderung führen konnte? Er ist sehr einfach: Während wir mit Engels in der eigenen inneren Entwicklung des Militarismus zur Miliz *bloß die Bedingungen* zu seiner Aufhebung sehen, meint Schippel, daß das Volksheer der Zukunft auch *von selbst*, „von innen heraus" aus dem heutigen Militärsystem heraus wachse. Während wir, gestützt auf diese uns von der objektiven Entwicklung gebotenen materiellen Bedingungen – die Verbreitung der allgemeinen Wehrpflicht und die Verkürzung der Dienstzeit –, *durch den politischen Kampf* die Verwirklichung des Milizsystems durchsetzen wollen, verläßt sich Schippel auf die eigene Entwicklung des Militarismus mit seinen Folgeerscheinungen und stempelt jedes bewußte Eingreifen zur Herbeiführung der Miliz als Phantasie und Bierbankpolitik.

Was wir auf diese Weise bekommen, ist nicht die *Engelssche* Geschichtsauffassung, sondern die *Bernsteinsche*. Wie bei Bernstein die kapitalistische Wirtschaft von selbst, ohne Sprung, schrittweise in die sozialistische „hineinwächst", so wächst bei Schippel aus dem heutigen Militarismus von selbst das Volksheer heraus. Wie Bernstein in bezug auf den Kapitalismus im ganzen, so versteht Schippel in bezug auf den Militarismus nicht, daß die objektive Entwicklung uns bloß *die Bedingungen* einer höheren Entwicklungsstufe an die Hand gibt, daß aber ohne unser *zielbewußtes Eingreifen,* ohne den *politischen Kampf* der Arbeiterklasse um die sozialistische Umwälzung oder um die Miliz weder die eine noch die andere je verwirklicht wird. Da aber somit das bequeme „Hineinwachsen" bloß eine Chimäre, eine opportunistische Ausflucht, ist, um dem zielsicheren revolutionären Kampfe aus dem Wege zu gehen, so schrumpft auch die auf *diesem* Wege erreichbare soziale und politische Umwälzung auf elendes bürgerliches Flickwerk zusammen. Wie bei der Bernsteinschen Theorie der „allmählichen Sozialisierung" schließlich aus dem Begriff des Sozialismus selbst alles verschwindet, was wir darunter verstehen, und der Sozialismus zur „gesellschaftlichen Kontrolle", das heißt zu harmlosen bürgerlichen Sozialreformen wird, so verwandelt sich bei der Schippelschen Auffassung das „Volksheer" aus dem freien, selbst über Krieg und Frieden entscheidenden Volk in Waffen, das unser Ziel ist, in eine auf alle tauglichen Bürger erstreckte allgemeine Wehrpflicht nach dem heutigen System des stehenden Heeres mit einer kurzen Dienstzeit. Angewendet auf alle Ziele unseres politischen Kampfes führt die Schippelsche Auffassung geraden Weges zur Verzichtleistung auf das ganze sozialdemokratische Programm.

Das Schippelsche Eintreten für den Militarismus ist eine handgreifliche Erläuterung zu der ganzen opportunistischen Strömung in unserer Partei und zugleich ein wichtiger Schritt in ihrer Entwicklung. Wir hörten auch früher schon von einem sozialdemokratischen Reichstagsabgeordneten, von Heine, daß man unter Umständen der kapitalistisdlen Regierung militärische Forderungen bewilligen könne. Dies war aber bloß als ein Zugeständnis für höhere Zwecke der Demokratie gedacht. Die Kanonen sollten bei Heine wenigstens nur als ein Tauschgegenstand für Volksrechte dienen. Nun erklärt Schippel die Kanonen um der Kanonen willen für notwendig. Ist auch das *Ergebnis* hier wie dort das gleiche – nämlich die Unterstützung des Militarismus, so beruht sie bei Heine wenigstens noch auf einer falschen Auffassung von der sozialdemokratischen *Kampfweise,* während sie bei Schippel einfach aus der Verschiebung des *Kampfobjekts* entspringt. Dort wurde nur statt der sozialdemokratischen die *bürgerliche Taktik* vorgeschlagen, hier wird dreist an Stelle des sozialdemokratischen das *bürgerliche Programm* gestellt.

In der Schippelschen „Milizskepsis" hat die „praktische Politik" ihre letzten Folgerungen gezogen. Weiter in der Richtung zur Reaktion kann sie nicht gehen, es bleibt ihr nur übrig, sich auf andere Programmpunkte auszudehnen, um den Rest des sozialdemokratischen Mantels, mit dessen Fetzen sie sich drapiert, abzulegen und in der ganzen klassischen Blöße als – Pfarrer Naumann zu erscheinen.

III

Wäre die Sozialdemokratie ein Diskussionsklub für sozialpolitische Fragen, so könnte sie den Fall Schippel nach einer theoretischen Auseinandersetzung mit ihm für erledigt erachten. Da sie aber eine politische Kampfpartei ist, so ist für sie durch den theoretischen Nachweis der Verkehrtheit des Schippelschen Standpunktes die Frage nicht gelöst, sondern vielmehr erst gestellt. Die Schippelsche Veröffentlichung über die Miliz ist nicht nur eine Äußerung bestimmter Gedanken, sie ist auch noch eine politische Handlung. Womit sie von der Partei beantwortet werden muß, ist deshalb nicht nur Widerlegung der Ansichten, sondern gleichfalls politische Aktion. Und zwar muß die Aktion im Verhältnis zu der Tragweite der Schippelschen Äußerungen stehen.

Im Laufe des verflossenen Jahres wurden so ziemlich alle bisher als Grundsteine der Sozialdemokratie geltenden Postulate durch Angriffe aus unseren eigenen Reihen in ihrer unbestrittenen Gültigkeit erschüttert. Eduard Bernstein erklärte, ihm sei *das Endziel* der proletarischen Bewegung nichts. Wolfgang Heine zeigte durch seine Kompensationsvorschläge, daß ihm die hergebrachte sozialdemokratische *Taktik* tatsächlich nichts ist. Nun beweist Schippel, daß er auch direkt über das *politische Programm* der Partei erhaben ist. Fast kein einziger Grundsatz des proletarischen Kampfes blieb von der Auflösung in nichts seitens einzelner Vertreter der Partei verschont. Es bietet dies an sich ein durchaus nicht erfreuliches Gesamtbild. Jedoch man muß auch unter diesen sehr bedeutsamen Kundgebungen vom Standpunkte des Parteiinteresses unterscheiden. Die Bernsteinsche Kritik unseres *theoretischen* Guthabens ist zweifellos eine höchst verhängnisvolle Erscheinung. Allein der *praktische* Opportunismus ist für die Bewegung unvergleichlich gefährlicher. Die Skepsis in bezug auf das *Endziel* kann immer noch von der Bewegung selbst, solange sie in ihrem praktischen Kampfe gesund und kräftig ist, einfach weggefegt werden. Sobald aber die *nächsten* Ziele, also der praktische Kampf selbst, in Frage gestellt ist, dann wird die ganze Partei mitsamt Endziel und Bewegung nicht nur in der subjektiven Vorstellung dieses oder jenes Parteiphilosophen, sondern auch in der objektiven Erscheinungswelt – „*nichts*".

Der Schippelsche Angriff zielt bloß auf einen Punkt unseres politischen Programms ab. Aber dieser einzige Punkt ist, angesichts der grundlegenden Bedeutung des Militarismus für den gegenwärtigen Staat, praktisch bereits die Verleugnung des *ganzen* politischen Kampfes der Sozialdemokratie.

In dem Militarismus kristallisiert sich die Macht und die Herrschaft ebenso des kapitalistischen Staates wie der bürgerlichen Klasse, und wie die Sozialdemokratie die einzige Partei ist, die ihn *prinzipiell* bekämpft, so gehört auch umgekehrt die prinzipielle Bekämpfung des Militarismus zum *Wesen* der Sozialdemokratie. Die Verzichtleistung auf den Kampf mit dem militärischen System läuft *praktisch* auf die Verleugnung des Kampfes mit der gegenwärtigen Gesellschaftsordnung überhaupt hinaus. Wir haben am Schlusse des vorhergehenden Kapitels gesagt, dem Opportunismus bleibe nur übrig, die Schippelsche Stellungnahme zur Milizfrage auf andere Programmpunkte auszudehnen, um die Sozialdemokratie gänzlich abzuschwören. Wir dachten dabei nur an die *subjektive,* bewußte Entwicklung der Anhänger dieser Politik. *Objektiv,* der Sache nach, ist diese Entwicklung in der Äußerung Schippels bereits vollzogen.

Noch eine Seite in den opportunistischen Kundgebungen der letzten Zeit, und namentlich in dem Auftreten Schippels, verdient Beachtung, wenigstens angesichts ihres symptomatischen Wertes. Es ist dies die spielende Leichtigkeit, die unerschütterliche Ruhe, ja, wie im letzten Fall, sogar die heitere Grazie, mit der an Grundsätzen gerüttelt wird, die jedem nicht ganz obenhin die Parteisache auffassenden Genossen in Fleisch und Blut übergegangen sein müßten und deren Erschütterung bei jedem aufrichtigen Sozialdemokraten wenigstens eine ernste Gewissenskrise herbeiführen sollte. Es sind dies untrügliche Zeichen, abgesehen von allem anderen, des Tiefstands des revolutionären Niveaus, der Abstumpfung des revolutionären Instinkts, Erscheinungen, die an sich unfaßbar und unwesentlich sein mögen, aber für eine Partei, die, wie die Sozialdemokratie, vorläufig zum größten Teil nicht auf praktische, sondern auf ideale Erfolge angewiesen ist, und an das individuelle Niveau ihrer Mitglieder notwendigerweise große Ansprüche stellt, zweifellos wesentlich sind. Eine harmonische Ergänzung zu der bürgerlichen *Denkweise* des Opportunismus ist seine bürgerliche *Empfindungsweise*.

Die Tragweite der Schippelschen Kundgebung nach allen Seiten hin macht eine entsprechende Gegenkundgebung der Partei zur Notwendigkeit. Worin kann und muß diese Gegenaktion bestehen? Erstens in der klaren und unzweideutigen *Stellungnahme* der ganzen *Parteipresse* zu der Frage, desgleichen Besprechung der Angelegenheit in Parteiversammlungen. Steht die Partei im ganzen nicht auf dem Standpunkte Schippels, wonach Volksversammlungen bloß Gelegenheiten sind, in denen man der Menge den Knochen der „Schlagworte" zuwirft, damit sie im gegebenen Zeitpunkt einen politischen „Herrenmenschen" in den Reichstag wählt, dann kann sie auch die Erörterung der wichtigsten parteipolitischen Grundsätze nicht als ein „Edelmanns-Essen" betrachten, das bloß für die Auslese und nicht für den großen Haufen der Genossen bestimmt ist. Im Gegenteil, nur das Hineintragen der Diskussion in die breitesten Kreise der Partei kann einer eventuellen Verbreitung der Schippelschen Ansichten erfolgreich vorbeugen.

Zweitens aber, was noch wichtiger, in der *Stellungnahme* der sozialdemokratischen *Fraktion*. Sie ist es, die vor allem berufen war, in der Schippelschen Angelegenheit das maßgebende Wort zu sprechen, einerseits, weil Schippel Reichstagsabgeordneter und Mitglied der Fraktion, andererseits, weil die von ihm behandelte Frage einer der Hauptgegenstände des parlamentarischen Kampfes ist. Wir wissen nicht, ob die Fraktion in der Sache etwas getan hat oder nicht. Da es bald nach dem Erscheinen des Isegrimschen Artikels öffentliches Geheimnis war, wer hinter dem Pseudonym steckte, so hat aller Wahrscheinlichkeit nach die Fraktion nicht mit verschränkten Armen zugesehen, wie eins ihrer Mitglieder ihre eigene Tätigkeit verhöhnte.

Und hat sie's nicht schon vorher getan, so konnte sie das Versäumte nachholen, nachdem Schippel durch Kautsky aus seinem Wolfsfell herausgeschüttelt worden war. Gleichviel, hat die Fraktion zum Fall Schippel Stellung genommen oder nicht, das Ergebnis ist ungefähr das gleiche, solange sie es nicht zur Kenntnis der Gesamtpartei gebracht hat. Gezwungen, sich auf dem Parkettboden des ihrem eigentlichen Wesen fremden, bürgerlichen Parlamentarismus zu bewegen, hat die Sozialdemokratie anscheinend unwillkürlich und unbewußt auch manche Sitten dieses Parlamentarismus übernommen, die aber mit ihrem demokratischen Charakter nicht recht in Einklang zu bringen sind. Dahin gehört zum Beispiel unseres Erachtens das Auftreten der Fraktion als einer geschlossenen Körperschaft nicht nur den bürgerlichen Parteien, was durchaus notwendig, sondern auch der eigenen Partei gegenüber – was zu Unzuträglichkeiten führen kann. Die Fraktionen der bürgerlichen Parteien, in denen parlamentarischer Kampf meistens in der reizlosen Gestalt von Kuhhandel und Tauschgeschäft ausgefochten wird, haben allen Grund, das Licht der Öffentlichkeit zu scheuen. Die sozialdemokratische Fraktion dagegen hat weder das Bedürfnis noch auch den Anlaß, das Ergebnis ihrer Verhandlungen als Internum zu betrachten, sobald es sich um Parteiprinzipien oder wichtigere taktische Fragen handelt. Die Erledigung einer solchen Frage nur in einer geheimen Fraktionssitzung würde dann genügen, wenn es bei uns, wie bei den bürgerlichen Parteien, lediglich auf die schließliche Erzielung einer bestimmten *Abstimmung* der Fraktion im Reichstag an käme. Für die Sozialdemokratie aber, für die der parlamentarische Kampf ihrer Fraktion viel wichtiger vom rein agitatorischen als vom praktischen Standpunkt ist, kann es gegebenenfalls nicht auf einen formellen Mehrheitsbeschluß der Fraktion, sondern auf ihre Diskussion selbst, auf die Klärung der Lage ankommen. Für die Partei ist es mindestens so wichtig, zu erfahren, wie ihre Vertreter über die parlamentarischen Fragen *denken,* als wie sie darüber in ihrer Gesamtheit im Reichstage *abstimmen.* In einer von Grund aus demokratischen Partei kann das Verhältnis zwischen Wählern und Abgeordneten unter keinen Umständen durch den Wahlakt und die mehr äußerlich-formelle, summarische Berichterstattung auf den Parteitagen als erledigt erachtet werden. Die Fraktion muß vielmehr in möglichst lebendiger ununterbrochener Fühlung mit der Parteimasse verbleiben, und dies wird namentlich zum einfachen Gebote der Selbsterhaltung angesichts der opportunistischen Strömungen, die in der letzten Zeit gerade unter den Parteiparlamentariern zutage treten. Eine öffentliche Stellungnahme der Fraktion zu den Äußerungen Schippels war und ist schon deshalb notwendig, weil die Partei in ihrer Masse, so sehr sie's auch wünschen mag, einfach nicht die *physische* Möglichkeit hat, *als Ganzes* selbst in dieser Frage aufzutreten. Die Fraktion ist eine berufene politische Vertretung der Gesamtpartei und hätte durch ihr eigenes offenes Vorgehen indirekt der Partei zu der notwendigen Stellungnahme verhelfen sollen.

Drittens endlich hat auch die Partei direkt als solche über den Fall Schippel ihr Wort zu sagen, und zwar in der einzigen Form, die ihr dazu zu Gebote steht – *auf dem nächsten Parteitage.*

Es hieß bei der Stuttgarter Diskussion über die Bernsteinschen Artikel, der Parteitag könne nicht über theoretische Fragen abstimmen. Nun haben wir im Falle Schippel eine rein praktische Frage. Es hieß, die Heineschen Kompensationsvorschläge seien bloß unangebrachte Zukunftsmusik gewesen, mit der die Partei nicht zu rechnen brauche. Nun haben wir bei Schippel Gegenwartsmusik. Und zwar hat sich in der Schippelschen Stellungnahme zur Milizfrage die opportunistische Politik, wie gesagt, zu ihren letzten Konsequenzen entwickelt, sie ist spruchreif geworden. Es erscheint uns als dringende Aufgabe der Partei, aus dieser Entwicklung durch eine klare und unzweideutige Stellungnahme die richtigen Schlüsse zu ziehen.

Sie hat dazu alle Ursache. Es handelt sich gegebenenfalls um einen Vertrauensmann, einen politischen Vertreter der Partei, der ihr seinem Amte nach zum Schwert im Kampfe, dessen Aktion ihr als Damm gegen die Angriffe des bürgerlichen Staates dienen sollte. Verwandelt sich aber der Damm jeden Augenblick in ein Ding von breiartiger Beschaffenheit und bricht die Klinge im Gefecht wie eine papierne zusammen, dürfte dann nicht die Partei auch ihrerseits *dieser* Politik einmal zurufen:

„Fort mit dem Brei,
Ich brauch' ihn nicht!
Aus Bappe schmied' ich kein Schwert!"

IV

Wenn Genosse Schippel mit Staunen „den immer höher und rascher sich gipfelnden Schlußfolgerungen" folgt, die von der Grundlage der *einen* von ihm ausgesprochenen Ansicht ausgehen, so beweist das nur wieder einmal, daß die Ansichten ihre Logik haben, auch da, wo die Menschen sie nicht haben.

Die vorstehende Replik Schippels bildet zunächst zu seinem in der Neuen Zeit formulierten Gedanken über die ökonomische „Entlastung" der kapitalistischen Gesellschaft durch den Militarismus eine bemerkenswerte Ergänzung: Neben Militarismus erscheinen nunmehr auch „Pfründen und allerhand Firlefanz" sowie „wahnwitziger Luxus und blöde Narretei der Privaten" als ökonomische Entlastungs- und Vorbeugungsmittel gegen Krisen. Die besondere Ansicht über die wirtschaftliche Funktion des Militarismus entfaltet sich somit zu der allgemeinen Theorie, wonach Verschwendung ein Korrektiv der kapitalistischen Wirtschaft ist, und beweist, daß wir dem Freiherrn von Stumm als Nationalökonomen Unrecht getan haben, indem wir ihn in unserem ersten Artikel als Gewährsmann Schippels nannten. Stumm dachte, als er die Ausgaben für die Armee die produktivsten nannte, wenigstens an die Bedeutung des Militarismus im Kampfe um Absatzmärkte und in der Verteidigung „der vaterländischen Industrie". Schippel sieht aber dabei, wie es sich herausstellt, von der spezifischen Funktion des Militarismus in der kapitalistischen Gesellschaft ganz ab, er sieht in ihm einfach eine geistreiche Form, eine bestimmte Menge gesellschaftlicher Arbeit jährlich zu verpuffen; der Militarismus ist ihm ökonomisch dasselbe, wie zum Beispiel die sechzehn Hündchen der Herzogin d'Uzès, die um ein ganzes Appartement, einige Dienstboten und eine ganze Hundegarderobe die kapitalistische Wirtschaft „entlasten".

Schade, daß Genosse Schippel in dem kaleidoskopischen Wechsel seiner ökonomisch-politischen Sympathien jedesmal mit seinen Neigungen von gestern so gründlich bricht, daß ihm nicht die leiseste Erinnerung bleibt. Sonst würde er schon als gewesener Rodbertusianer an die klassischen Blätter des Vierten Sozialen Briefes an von Kirchmann (S. 34 ff.) denken müssen, wo sein ehemaliger Meister seine jetzige Krisentheorie vom Luxus niederschmettert. Aber diese Theorie ist viel älter als Rodbertus.

Konnte der Gedanke über die wirtschaftliche Entlastung speziell durch den Militarismus – wenigstens in den Reihen der Sozialdemokratie – Anspruch auf den Reiz der Neuheit erheben, so ist die allgemeine Theorie von der rettenden Funktion der Verschwendung für die kapitalistische Gesellschaft so – wie die bürgerliche Vulgärökonomie selbst.

Die Vulgärökonomie hat zwar auf dem Irrgang ihrer Entwicklung mehrere Krisentheorien in die Welt gesetzt, allein die, die unser Schippel sich jetzt angeeignet hat, gehört zu den trivialsten, sie steht sogar – was die Einsicht in den inneren Mechanismus der kapitalistischen Wirtschaft betrifft – tiefer als die Theorie des widrigsten Possenreißers der Vulgärökonomie, J.B. Say, wonach Überproduktion eigentlich Unterproduktion sei.

Was ist die allgemeinste Voraussetzung der Schippelschen Theorie? Die Krisen entstehen dadurch, daß im Verhältnis zur Menge der produzierten Güter zu wenig konsumiert wird, die Krisen können also durch Vergrößerung der Konsumtion innerhalb der Gesellschaft eingedämmt werden. Hier wird also die kapitalistische Krisenbildung nicht aus der inneren Tendenz der Produktion, über die Schranken des Absatzmarktes hinauszueilen, und aus der Regellosigkeit der Produktion abgeleitet, sondern aus der absoluten Unverhältnismäßigkeit zwischen Produktion und Konsumtion. Die Gütermasse der kapitalistischen Gesellschaft wird hier sozusagen als ein Reisberg von bestimmter Größe unter stellt, durch den sich die Gesellschaft durchfressen muß. Je mehr konsumiert wird, um so weniger bleibt als unverdaulicher Rest auf dem ökonomischen Gewissen der Gesellschaft lasten, um so größer die „Entlastung". Das ist eine *absolute* Krisentheorie, die sich zu der relativen von Marx genauso verhält wie die Malthussche Bevölkerungstheorie zum Marxschen Gesetz der relativen Übervölkerung.

Aber es ist nicht gleich für die Gesellschaft, wer konsumiert. Wenn die Konsumtion nur dazu dient, um gleichzeitig die Produktion wieder in Bewegung zu bringen, dann wächst der

Reisberg wieder an, und „die Gesellschaft" hat nichts gewonnen, das Krisenfieber schüttelt sie nach wie vor. Erst wenn die Güter auf Nimmerwiedersehen absorbiert werden, wenn sie zur Konsumtion von Leuten dienen, die ihrerseits nicht mehr produzieren, dann erst atmet die Gesellschaft wirklich erleichtert auf, die Krisenbildung ist eingedämmt.

Der Unternehmer Hinz weiß nicht, wohin er mit den von ihm (d. h. von seinen Arbeitern) produzierten Waren soll. Zum Glück treibt der Unternehmer Kunz wahnwitzigen Luxus und kauft seinem bedrängten Klassengenossen die lästigen Waren ab. Er selbst, Kunz, hat aber auch Überfluß an produzierten Gütern, die ihn „belasten": glücklicherweise gibt der vorhin erwähnte Hinz gleichfalls sehr viel für „Luxus und Narreteien" aus und bietet sich dem besorgten Kunz seinerseits als der ersehnte Abnehmer an. Jetzt, nach dem glücklich abgeschlossenen Geschäft schauen sich unsere beiden Unternehmer gegenseitig verdutzt an und haben Lust auszurufen: Bist du verrückt oder ich? Tatsächlich sind sie's beide. Denn was haben sie durch die ihnen von Schippel angeratene Operation erreicht? Sie haben freilich beide einander redlich zur restlosen Zerstörung einer bestimmten Menge Güter verholfen. Aber ach! nicht die Zerstörung der materiellen Güter, sondern die Realisierung des Mehrwertes in blankem Gold ist der Zweck des Unternehmertums. Und in dieser Beziehung läuft das witzige Geschäft auf dasselbe hinaus, wie wenn jeder der beiden Unternehmer seinen eigenen überflüssigen Mehrwert selbst restlos verschluckt, konsumiert hätte. Das ist das Schippelsche Mittel zur Abschwächung der Krisen. Die westfälischen Kohlenbarone leiden an Überproduktion von Kohle? Die Tölpel ! Sie sollen nur in ihren Palästen stärker heizen lassen, und der Kohlenmarkt ist „entlastet". Die Besitzer der Marmorgruben in Carrara klagen über Stockung im Handel? Sie sollen doch für ihre Pferde Ställe aus Marmor errichten lassen, und das „Krisenfieber" im Marmorgeschäft ist sofort gedämpft. Und zieht eine drohende Wolke von allgemeiner Handelskrise herauf, so ruft Schippel dem Kapitalismus zu: „Mehr Austern, mehr Champagner, mehr Livreebediente, mehr Balletteusen, und Ihr seid gerettet!" Wir fürchten nur, die alten durchtriebenen Kerle werden ihm antworten: „Herr, Ihr haltet uns für dümmer, als wir sind!"

Diese geistreiche ökonomische Theorie führt aber noch zu interessanten sozialen und politischen Schlußfolgerungen. Bildet nämlich bloß die unproduktive Konsumtion, das heißt die Konsumtion des Staates und der bürgerlichen Klassen, eine wirtschaftliche Entlastung und ein Gegenmittel zur Abschwächung der Krisen, dann erscheint es im Interesse der Gesellschaft und des ruhigen Verlaufes des Produktionszyklus, daß die unproduktive Konsumtion möglichst erweitert, die produktive möglichst eingeschränkt, der von den Kapitalisten und dem Staate angeeignete Teil des gesellschaftlichen Reichtums möglichst groß, der für das arbeitende Volk verbleibende möglichst gering, die Profite und die Steuern möglichst hoch, die Löhne möglichst niedrig sind. Der Arbeiter eine wirtschaftliche „Last" für die Gesellschaft, und die Hündchen der Herzogin d'Uzès ein wirtschaftlicher Rettungsanker – das sind die Konsequenzen der Schippelschen „Entlastungs"theorie.

Wir haben gesagt, sie sei auch unter den vulgärökonomischen Theorien die trivialste. Was ist der Gradmesser der vulgärökonomischen Trivialität? Das Wesen der Vulgärökonomie besteht darin, daß sie die Vorgänge der kapitalistischen Wirtschaft nicht im objektiven Zusammenhang und in ihrem inneren Wesen, sondern in der oberflächlichen Zersplitterung durch die Gesetze der Konkurrenz, nicht durch das Fernrohr der Wissenschaft, sondern durch die Brille des Einzelinteressenten der bürgerlichen Gesellschaft betrachtet. Aber je nach dem Standpunkt dieses Interessenten verschiebt sich auch das Bild der Gesellschaft, und es kann sich mehr oder weniger schief im Hirn des Ökonomen abspiegeln. Je näher der Standpunkt zum eigentlichen Produktionsprozeß, um so näher steht die Auffassung zur Wahrheit. Und je weiter sich der Forscher zum Austauschmarkt, zum Gebiet der vollen Herrschaft der Konkurrenz voranbewegt, um so mehr steht das von dort aus gesehene Bild der Gesellschaft auf dem Kopfe.

Die Schippelsche Krisentheorie ist, wie wir gezeigt, vom Standpunkte der Kapitalisten *als Klasse* absolut unhaltbar, sie läuft auf den Rat hinaus: die Kapitalistenklasse soll selbst ihren Überfluß an Produkten konsumieren. Aber auch ein einzelner *kapitalistischer Industrieller* wird sie mit Achselzucken aufnehmen. Ein Freiherr v. Stumm oder ein v. Heyl sind viel zu klug, um sich dem Wahn hinzugeben, ihr eigener und ihrer Klassengenossen Luxus könne den Krisen irgendwie abhelfen. Diese Auffassung kann nur einem kapitalistischen Kaufmann, richtiger einem *kapitalistischen Krämer* aufsteigen, für den seine unmittelbaren Abnehmer, die „großen Herrschaften“, mit ihrem Luxus als die Pfeiler der ganzen Wirtschaft erscheinen. Die Schippelsche Theorie ist nicht einmal ein Abklatsch der Auffassung des kapitalistischen *Unternehmers,* sie ist direkt ein theoretischer Ausdruck des Standpunktes des kapitalistischen *Krämers.*

Der Gedanke Schippels von der „Entlastung“ der Gesellschaft durch den Militarismus zeigt wieder, ganz wie seinerzeit die Ausführungen Ed. Bernsteins, daß der Opportunismus, wie er in der Politik zum bürgerlichen Standpunkt führt, auch in seinen ökonomischen Voraussetzungen an die bürgerliche Vulgärökonomie anknüpft.

Aber Schippel bestreitet ja unsere politischen Folgerungen aus seiner „Entlastungs“theorie. Er hätte nur von der Entlastung *der Gesellschaft* und nicht der Arbeiterklasse gesprochen, er hätte noch ausdrücklich, um Mißverständnissen vorzubeugen, die Versicherung eingeschoben, daß ihm „dies den Militarismus nicht angenehmer, sondern unangenehmer mache“. Man könnte glauben, Schippel hielte also vom Standpunkte *der Arbeiterklasse* den Militarismus wirtschaftlich für verderblich.

Wozu hat er dann auf die wirtschaftliche Entlastung hingewiesen? Welche Schlüsse zieht er aus ihr für das Verhalten der Arbeiterklasse zum Militarismus? Hören wir zu: „Natürlich macht mir das [die wirtschaftliche Entlastung – *R.L.]* den Militarismus nicht angenehmer, sondern um so unangenehmer. *Nur kann ich von diesem Standpunkt aus auch nicht in das kleinbürgerlich-freisinnige Geschrei über den wirtschaftlichen Ruin durch die unproduktiven Militärausgaben einstimmen.“* Schippel erachtet also die Ansicht über die ökonomisch ruinierende Wirkung des Militarismus für *kleinbürgerlich,* für falsch. Für ihn ist der Militarismus also kein Ruin, das „Einstimmen in das kleinbürgerlich-freisinnige Geschrei“ gegen den Militarismus, das heißt der Kampf gegen ihn, ist für ihn verkehrt; ja, sein ganzer Artikel ist ja darauf gerichtet, der Arbeiterklasse die Unentbehrlichkeit des Militarismus nachzuweisen. Was bedeutet angesichts dieses seine eingeschaltete Verwahrung, ihm sei der Militarismus deshalb nicht angenehmer, sondern um so unangenehmer? Sie ist nur die rein psychologische Versicherung, daß Schippel nicht mit Genuß, sondern mit Widerwillen den Militarismus verteidigt, daß er an seiner opportunistischen Politik selbst keine Freude hat, daß sein Herz besser als sein Kopf ist.

Schon angesichts dieser Tatsache könnte ich nicht die Einladung Schippels zu einem Wettrennen „um die proletarisch-revolutionärste Gesinnung“ mit ihm annehmen. Die Loyalität verbietet mir, mit jemand zu wettrennen, der in der denkbar ungünstigsten Position, weil mit dem Rücken zum Start, in die Rennbahn tritt.

Leben

Jugend (1871-1889)

Rosa Luxemburgs Geburtsdatum ist unsicher. Ihr Geburtsschein, dem folgend ihre Heiratsurkunde und weitere Dokumente nennen den 25. Dezember 1870. In der Antwort auf einen Geburtstagsbrief zu diesem Datum schrieb sie jedoch 1907: Der Schein sei erst nachträglich ausgestellt und das Datum darauf „korrigiert" worden; tatsächlich sei sie „nicht ganz so alt". Ihre Familie und sie selbst feierten ihren Geburtstag immer am 5. März. Für ihre Immatrikulation an der Universität Zürich gab sie 1871 als Geburtsjahr an. Daher geben neuere Biografen den 5. März 1871 als Geburtsdatum an. Ihr Familienname Luxemburg wurde noch zu Lebzeiten ihres Vaters durch einen behördlichen Schreibfehler zu Luxemburg, den sie dann beibehielt. Ihren Vornamen Rosalia verkürzte sie umgangssprachlich zu Rosa.

Sie war das fünfte und letzte Kind des Holzhändlers Eliasz Luxemburg (1830-1900) und seiner Frau Line, geb. Löwenstein (1835-1897). Die Eltern waren Juden in der ländlichen Mittelstadt Zamość im von Russland kontrollierten Teil Polens. Die Luxemburgs waren als Landschaftsarchitekten, die Löwensteins als Rabbiner und Hebraisten nach Zamość gekommen. Über ein Drittel der Einwohner waren polnische Juden, meist Haskala-Vertreter mit hohem Bildungsstand. Die Eltern gehörten zu keiner Religionsgemeinschaft und politischen Partei, sympathisierten aber mit der polnischen Nationalbewegung und förderten die lokale Kultur. Sie besaßen ein Haus am Rathausplatz und bescheidenen Wohlstand, den sie vor allem für die Bildung ihrer Kinder einsetzten. Die Söhne (Natan Mikolaj, Maximilian, Jozef) besuchten wie der Vater höhere Schulen in Deutschland. Die Familie sprach und las zuhause Polnisch und Deutsch, nicht Jiddisch. Besonders die Mutter vermittelte den Kindern die klassische und romantische deutsche und polnische Dichtung.

Rosa erhielt eine umfassende humanistische Bildung und lernte neben Polnisch, Deutsch und Russisch auch Latein und Altgriechisch. Sie beherrschte Französisch, konnte Englisch lesen und Italienisch verstehen. Sie kannte die bedeutenden Literaturwerke Europas, rezitierte Gedichte, war eine gute Zeichnerin, interessierte sich für Botanik und Geologie, sammelte Pflanzen und Steine und liebte Musik, besonders die Oper und die Lieder von Hugo Wolf. Zu ihren zeitlebens geachteten Autoren gehörte Adam Mickiewicz.

1873 zog die Familie nach Warschau, um Geschäftsverbindungen des Vaters zu stärken und den Töchtern bessere Bildungschancen zu bieten. 1874 wurde ein Hüftleiden der Tochter irrtümlich als Tuberkulose diagnostiziert und falsch behandelt. Dadurch blieb ihre Hüfte deformiert, sodass sie fortan leicht hinkte. Mit fünf Jahren, während der vom Arzt verordneten fast einjährigen Bettruhe, lernte sie autodidaktisch Lesen und Schreiben. Mit neun Jahren übersetzte sie deutsche Geschichten ins Polnische, schrieb Gedichte und Novellen. Mit 13 Jahren schrieb sie in polnischer Sprache ein sarkastisches Gedicht über Kaiser Wilhelm I., der damals Warschau besuchte. Darin duzte sie ihn und forderte: „Sage deinem listigen Lumpen Bismarck, Tue es für Europa, Kaiser des Westens, Befiehl ihm, daß er die Friedenshose nicht zuschanden macht".

Ab 1884 besuchte Rosa das Zweite Frauengymnasium in Warschau, das nur in Ausnahmefällen polnische, noch seltener jüdische Mädchen aufnahm und in dem nur Russisch gesprochen werden durfte. Auch deshalb engagierte sie sich ab 1886 in einem geheimen Fortbildungskreis. Dort lernte sie die 1882 gegründete marxistische Gruppe „Proletariat" kennen, die sich vom antizaristischen Terror der russischen Narodnaja Wolja abgrenzte, aber wie diese staatlich verfolgt und aufgelöst wurde. Nur im Untergrund arbeiteten einige Teilgruppen weiter, darunter die 1887 von Martin Kasprzak gegründete Warschauer Gruppe „Zweites Proletariat". Dieser trat Rosa Luxemburg bei, ohne dies zu Hause und in der Schule zu verbergen. Dort las sie erstmals Schriften von Karl Marx, die damals illegal nach Polen gebracht und ins Polnische übersetzt wurden. 1888 bestand sie das Abitur als Klassenbeste und mit der höchsten Note „ausgezeichnet". Die ihr zustehende Goldmedaille verweigerte die Schulleitung „wegen oppositioneller Haltung gegenüber den Behörden". Im Dezember 1888 floh sie vor der Zarenpolizei, die ihre Mitgliedschaft im verbotenen „Proletariat" entdeckt hatte, aus Warschau und schließlich mit Hilfe Kasprzaks aus Polen in die Schweiz.

Studium und Aufbau der SDKP (1890-1897)

Im Februar 1889 zog Rosa Luxemburg nach Oberstrass bei Zürich, weil im deutschsprachigen Raum nur an der Universität Zürich Frauen und Männer gleichberechtigt studieren durften. Ab Oktober 1889 belegte sie Philosophie, Mathematik, Botanik und Zoologie. 1892 wechselte sie in die Rechtswissenschaft, wo sie Völkerrecht, allgemeines Staatsrecht und Versicherungsrecht belegte. 1893 schrieb sie sich zudem in Staatswissenschaften ein. Dort belegte sie Volkswirtschaftslehre mit den Schwerpunkten Finanzwissenschaft, Wirtschafts- und Börsenkrisen. Ferner studierte sie allgemeine Verwaltungslehre und Geschichtswissenschaft, hier vor allem Mittelalter und Diplomatie-Geschichte seit 1815. Sie studierte vor allem bei Julius Wolf, der Adam Smith, David Ricardo und Das Kapital von Karl Marx durchnahm, das er zu widerlegen beanspruchte. Er wurde ihr Doktorvater und bezeichnete sie 1924 als „begabtesten" seiner Studenten in Zürich. Sie sei schon vor Studienbeginn überzeugte Marxistin gewesen.

Zürich war attraktiv für viele politisch verfolgte ausländische Sozialisten. Rosa Luxemburg fand rasch Kontakt zu deutschen, polnischen und russischen Emigrantenvereinen, die vom Schweizer Exil aus den revolutionären Sturz ihrer Regierungen vorzubereiten versuchten. Sie wohnte im Haus der Familie Carl Lübecks (SPD), der nach seiner Verurteilung im Leipziger Hochverratsprozess 1872 emigriert war. Durch ihn gewann sie Einblick in die Entwicklung der SPD. Sie lernte unter anderen die russischen Marxisten Pawel Axelrod und Georgi Plechanow kennen und bildete einen Freundes- und Gesprächskreis, der regelmäßige Kontakte zwischen emigrierten Studenten und Arbeitern pflegte.

Ab 1891 hatte sie eine Liebesbeziehung mit dem polnischen Marxisten Leo Jogiches. Er war bis 1906 ihr Partner und blieb ihr zeitlebens politisch eng verbunden. Er brachte ihr seine konspirativen Methoden bei und finanzierte ihr Studium mit. Sie half ihm beim Übersetzen marxistischer Texte ins Russische, die er in Konkurrenz zu Plechanow nach Polen und Russland schmuggelte. Plechanow isolierte Jogiches daraufhin in der russischen Emigrantenszene. Rosa Luxemburgs anfängliche Vermittlungsversuche schlugen fehl.

1892 gründeten mehrere illegale polnische Splitterparteien, darunter auch ehemalige „Proletariat"-Angehörige, die Polnische Sozialistische Partei (PPS), die Polens nationale Unabhängigkeit und Umwandlung in eine bürgerliche Demokratie anstrebte. Das Programm war ein Kompromiss aus verschiedenen Interessen, die aufgrund der Verfolgungssituation nicht ausdiskutiert worden waren. Im Juli 1893 gründeten Rosa Luxemburg, Leo Jogiches, Julian Balthasar Marchlewski und Adolf Warski die Pariser Exilzeitung Sprawa Robotnicza („Arbeitersache"). Darin vertraten sie gegen das PPS-Programm einen streng internationalistischen Kurs: Die polnische Arbeiterklasse könne sich nur gemeinsam mit der russischen, deutschen und österreichischen emanzipieren. Nicht das Abschütteln der russischen Vorherrschaft in Polen, sondern die solidarische Zusammenarbeit zum Sturz des Zarismus, sodann des Kapitalismus und der Monarchie in ganz Europa müssten Vorrang erhalten.

Rosa Luxemburg war federführend für diese Linie. Als Zeitungsredakteurin (Pseudonym: „R. Kruszynska") durfte sie als polnische Delegierte am Kongress der 2. Internationale (6.–12. August 1893) in der Tonhalle Zürich teilnehmen. In ihrem Bericht über die Entwicklung der Sozialdemokratie in Russisch-Polen seit 1889 betonte sie, Polens drei Teile seien ökonomisch mittlerweile so stark in die Märkte der Besatzerstaaten integriert, dass eine Wiederherstellung eines unabhängigen polnischen Nationalstaats ein anachronistischer Rückschritt wäre. Daraufhin focht der PPS-Delegierte Ignacy Daszyński ihren Delegiertenstatus an. Ihre Verteidigungsrede machte sie international bekannt: Sie erklärte, hinter dem innerpolnischen Streit stehe eine prinzipielle, alle Sozialisten betreffende Richtungsentscheidung. Ihre Gruppe vertrete den genuin marxistischen Standpunkt und somit das polnische Proletariat. Doch eine Kongressmehrheit erkannte die PPS als einzige legitime polnische Delegation an und schloss Rosa Luxemburg aus.

Daraufhin gründete sie mit ihren Freunden im August 1893 die Partei Sozialdemokratie des Königreiches Polen (SDKP; ab 1900 Sozialdemokratie des Königreichs Polen und Litauens; SDKPiL). Der illegale Gründungsparteitag in Warschau vom März 1894 nahm ihren Leitartikel vom Juli 1893 als Parteiprogramm und die Arbeitersache als Presseorgan an. Die SDKP sah sich als direkte Nachfolgerin des „Proletariats" und strebte in striktem Gegensatz zur PPS als Nahziel eine liberaldemokratische Verfassung für das ganze Russische Kaiserreich mit einer Gebietsautonomie für Polen an, um so eine gemeinsame polnisch-russische sozialistische Partei aufbauen zu können. Dazu sei eine enge, gleichberechtigte Zusammenarbeit mit den russischen Sozialdemokraten, deren Einigung und die Einbindung in die Zweite Internationale unerlässlich. Ein unabhängiges Polen sei eine illusorische „Fata Morgana", die das polnische Proletariat vom internationalen Klassenkampf ablenken solle. Die polnischen Sozialisten sollten den sozialdemokratischen Parteien der drei Teilungsmächte beitreten oder sich eng an sie anschließen. Es gelang ihr, die SDKP in Polen zu etablieren und später viele PPS-Anhänger zu ihr hinüberzuziehen.

Rosa Luxemburg leitete die Arbeitersache bis zu deren Einstellung im Juli 1896 und verteidigte das SDKP-Programm im Ausland auch mit besonderen Aufsätzen. In Das unabhängige Polen und die Sache der Arbeiter schrieb sie: Sozialismus und Nationalismus seien nicht nur in Polen, sondern überhaupt miteinander unvereinbar. Nationalismus sei eine Ausflucht des Bürgertums: Bänden sich die Arbeiter daran, würden sie ihre eigene Befreiung gefährden, da das Bürgertum sich bei einer drohenden Sozialrevolution eher mit den jeweiligen Herrschern gegen die eigenen Arbeiter verbünden werde. Dabei verknüpfte sie polnische Erfahrungen stets mit denen anderer Länder, berichtete häufig über ausländische Streiks und Demonstrationen und versuchte so, ein internationales Klassenbewusstsein zu fördern. Seitdem war sie bei politischen Gegnern inner- und außerhalb der Sozialdemokratie verhasst und oft antisemitischen Angriffen ausgesetzt. So schrieben Angehörige der Gruppe Schwarze Hundert, ihr „Gift" rede den polnischen Arbeitern Hass auf das eigene Vaterland ein; dieser „jüdische Auswurf" leiste ein „teuflisches Zerstörungswerk" mit dem Ziel der „Ermordung Polens".

Für den Kongress der Zweiten Internationale 1896 in London verteidigte Rosa Luxemburg ihre Linie in sozialdemokratischen Zeitungen wie dem Vorwärts und der Neuen Zeit. Sie erreichte eine Debatte darüber und fand unter anderen Robert Seidel, Jean Jaurès und Alexander Parvus als Unterstützer. Karl Kautsky, Wilhelm Liebknecht und Victor Adler dagegen lehnten ihre Position ab. Adler, Vertreter des Austromarxismus, beschimpfte sie als „doktrinäre Gans" und versuchte, eine Gegendarstellung in der SPD zu verbreiten. Beim Kongress wollte die PPS Polens Unabhängigkeit als notwendiges Ziel der Internationale festlegen lassen und verdächtigte mehrere SDKP-Vertreter als zaristische Geheimagenten. Rosa Luxemburg und die SDKP wurden diesmal jedoch als eigenständige Vertreter der polnischen Sozialdemokratie zugelassen. Sie überraschte den Kongress mit einer Gegenresolution, wonach nationale Unabhängigkeit kein möglicher Programmpunkt einer sozialistischen Partei sein könne. Die Mehrheit stimmte einer Kompromissfassung zu, die das Selbstbestimmungsrecht der Völker allgemein bejahte, ohne Polen zu erwähnen.

Nach dem Kongress schrieb Rosa Luxemburg Artikel für die Sächsische Arbeiterzeitung über Organisationsprobleme der deutschen und österreichischen Sozialdemokratie und die Chancen der Sozialdemokratie im Osmanischen Reich. Sie plädierte für die Auflösung dieses Reichs, um so den Türken und weiteren Nationen zunächst eine kapitalistische Entwicklung zu gestatten. Marx und Engels hätten zwar zu ihrer Zeit recht gehabt, dass das zaristische Russland der Hort der Reaktion und mit allen Mitteln zu schwächen sei, doch die Bedingungen hätten sich geändert. Erneut widersprachen ihr führende Sozialdemokraten wie Kautsky, Plechanow und Adler öffentlich. So wurde sie weit über Polen hinaus als sozialistische Denkerin bekannt, mit deren Ansichten man sich auseinandersetzte.

Im Mai 1897 wurde Rosa Luxemburg in Zürich mit dem Prädikat magna cum laude zum Thema Polens industrielle Entwicklung promoviert. Mit empirischem Material aus Bibliotheken und Archiven von Berlin, Paris, Genf und Zürich suchte sie nachzuweisen, dass Russisch-Polen seit 1846 in den russischen Kapitalmarkt eingebunden und sein Wirtschaftswachstum vollständig von diesem abhängig sei. Damit wollte sie die Ansicht, die Wiederherstellung der nationalen Unabhängigkeit Polens sei illusorisch, mit ökonomischen Fakten untermauern, ohne explizit marxistisch zu argumentieren. Nach der Veröffentlichung wollte Rosa Luxemburg darauf aufbauend eine Wirtschaftsgeschichte Polens verfassen; das von ihr öfter erwähnte Manuskript dazu ging verloren, wurde aber nach ihrer Aussage in Erläuterungen von Franz Mehring zu von ihm herausgegebenen Marx-Texten teilweise verarbeitet. Sie setzte ihren kompromisslosen Kampf gegen den Nationalismus in der Arbeiterbewegung zeitlebens fort. Diese Haltung isolierte sie anfangs fast völlig und brachte ihr viele erbitterte Konflikte ein, unter anderem seit 1898 in der SPD und seit 1903 mit Lenin.

Wortführerin der Linken in der SPD (1898-1914)

Um die SPD und die Arbeiter im deutsch besetzten Teil Polens wirksamer für die SDKP zu gewinnen, beschloss Rosa Luxemburg 1897 gegen den Willen von Leo Jogiches, nach Deutschland zu ziehen. Um die deutsche Staatsbürgerschaft zu erhalten, heiratete sie am 19. April 1898 den 24-jährigen Schlosser Gustav Lübeck, den einzigen Sohn ihrer Züricher Gastfamilie. Ab 12. Mai 1898 wohnte sie in der Cuxhavener Straße 2 (Berlin-Hansaviertel) und trat sofort in die SPD ein, die in der Arbeiterbewegung als fortschrittlichste sozialistische Partei Europas galt. Sie bot dem SPD-Bezirksvorsteher Ignaz Auer an, Wahlkampf für die SPD bei polnischen und deutschen Arbeitern in Schlesien zu machen. Durch ihre Sprachgewandtheit und erfolgreiche Wahlkampfreden erwarb sie rasch Ansehen in der SPD als gefragte Spezialistin für polnische Angelegenheiten. Bei den folgenden Reichstagswahlen errang die SPD in Schlesien erstmals Mandate und brach so die bisherige Alleinherrschaft der katholischen Zentrumspartei.

1890 waren im Kaiserreich nach zwölf Jahren die Sozialistengesetze aufgehoben worden. Dadurch gewann die SPD bei Wahlen weitere Reichstagssitze. Die meisten SPD-Abgeordneten wollten die neue Legalität der SPD bewahren und setzten sich immer weniger für einen revolutionären Umsturz, immer mehr für die allmähliche Erweiterung parlamentarischer Rechte und Sozialreformen im Rahmen der bestehenden Gesellschaftsordnung ein. Das Erfurter Programm von 1891 hielt die Sozialrevolution nur noch als theoretisches Fernziel fest und trennte den Alltagskampf für Reformen davon. Eduard Bernstein, Autor des praktischen Programmteils, rückte ab 1896 mit einer Artikelserie über „Probleme des Sozialismus" in der Neuen Zeit vom Marxismus ab und begründete die später Reformismus genannte Theorie: Interessenausgleich und Reformen würden die Auswüchse des Kapitalismus mildern und den Sozialismus evolutionär herbeiführen, so dass die SPD sich auf parlamentarische Mittel beschränken könne. Kautsky, enger Freund Bernsteins und Redakteur der Neuen Zeit, ließ keine Kritiken an dessen Thesen abdrucken. Alexander Parvus, inzwischen Chefredakteur der Sächsischen Arbeiterzeitung, eröffnete daraufhin im Januar 1898 den Revisionismusstreit mit einer polemischen Artikelserie gegen Bernstein.

Am 25. September 1898 wurde Parvus des Landes verwiesen. Auf seinen dringenden Wunsch zog Rosa Luxemburg nach Dresden und übernahm die Chefredaktion der Sächsischen Arbeiterzeitung. Daher durfte sie beim folgenden SPD-Parteitag in Stuttgart (1.–7. Oktober 1898) zu allen Tagesthemen, nicht nur zum Thema Polen reden. Erstmals griff sie dort in die Bernsteindebatte ein, positionierte sich auf dem marxistischen Parteiflügel, betonte dessen Übereinstimmung mit dem Parteiprogramm und wies den Debattenstil zurück: Persönliche Polemik zeige nur das Fehlen von Sachargumenten. Der Parteivorstand um August Bebel vermied eine programmatische Entscheidung. In den Folgewochen veröffentlichte sie eine eigene Artikelserie gegen Bernsteins Theorie, die später in ihr Buch Sozialreform oder Revolution? einging. Darin vertrat sie eine konsequent klassenkämpferische Haltung: Echte Sozialreformen müssten das Ziel der sozialen Revolution stets im Auge behalten und ihm dienen. Sozialismus sei nur durch die Machtübernahme des Proletariats und Umwälzung der Produktionsverhältnisse zu erreichen.

Georg Gradnauer, Dresdner SPD-Reichstagsabgeordneter und Anhänger Bernsteins, griff die Linken im Vorwärts als Verursacher des Streits an. Rosa Luxemburg verteidigte sie in der Sächsischen Arbeiterzeitung und erlaubte ihm den Abdruck einer ersten, nicht aber zweiten Replik. Daraufhin stellten sich drei Mitredakteure, die den Redaktionswechsel für mehr Eigenrechte nutzen wollten und sich von ihren Versuchen zur Qualitätsanhebung des Blattes bevormundet fühlten, öffentlich gegen sie. Am 2. November bot sie daher ihren Rücktritt an, wollte aber die Entscheidung der SPD-Pressekommission über ihre redaktionellen Rechte abwarten. Der Vorwärts behauptete am Folgetag, sie sei bereits zurückgetreten. August Bebel veranlasste, dass die SPD-Pressekommission ihren Kollegen recht gab und ihr eine öffentliche Antwort verbot: Sie habe sich zu sehr als Frau und zu wenig als Parteigenossin gezeigt. Ihre direkte Antwort an Bebel, in der sie die Einschränkung ihrer Handlungsfreiheit als Chefredakteurin zurückwies, blieb unveröffentlicht. Diese negative Erfahrung förderte ihre späteren Angriffe auf die hierarchischen Organisationsstrukturen der SPD.

Sie zog wieder nach Berlin und schrieb von dort aus regelmäßig gegen Entgelt anonyme Artikel für verschiedene SPD-Zeitungen über wichtige wirtschaftliche und technische Entwicklungen in aller Welt. Dafür recherchierte sie täglich in Bibliotheken, worauf sie ab Dezember 1898 zeitweise polizeilich überwacht wurde. Zu ihren engen Freunden gehörten Clara Zetkin, die inner- und außerhalb der SPD für eine selbstbestimmte internationale Frauenbewegung eintrat, und Bruno Schönlank, Chefredakteur der Leipziger Volkszeitung. Dort wies sie mit der Artikelserie Miliz und Militarismus im Februar 1899 die Thesen von Max Schippel zurück: Dieser wollte das SPD-Ziel einer Volksmiliz als Alternative zum kaiserlichen Militär aufgeben und sah die vorhandenen stehenden Heere als unentbehrliche ökonomische Entlastung und Übergang zu einem künftigen „Volksheer" an. Sie kritisierte Schippels Annäherung an den kaiserlichen Militarismus als logische Folge des Bernstein'schen Revisionismus und dessen mangelnder Bekämpfung in der SPD. Sie schlug vor, die internen Protokolle der SPD-Reichstagsfraktion zu veröffentlichen und beim nächsten Parteitag über Schippels Thesen zu diskutieren. Diesmal fand sie ein positives Echo beim Parteivorstand. Kautsky lud sie im März 1899 zu sich nach Hause ein und schlug ihr ein Bündnis gegen militaristische Tendenzen in der SPD vor. Wilhelm Liebknecht erlaubte ihr ein Referat über den aktuellen Kurs der Regierung und der SPD in Berlin. Bebel traf sich mit ihr, unterstützte ihre Forderungen, lehnte aber eine eigene Stellungnahme weiterhin ab, weil er Wahleinbußen für die SPD fürchtete. Damit hatte die Parteiführung sie als Dialogpartnerin anerkannt. Sie nutzte dies, um für mehr Akzeptanz der SDKP-Positionen zu werben.

Vom 4. bis 8. April 1899 antwortete Rosa Luxemburg auf Bernsteins neues Buch Die Voraussetzungen des Sozialismus und die Aufgaben der Sozialdemokratie mit einer zweiten Artikelserie zum Thema Sozialreform oder Revolution? in der Leipziger Volkszeitung. Darin bejahte sie den Alltagskampf der SPD um Reformen als notwendiges Mittel zum Zweck der Abschaffung des ausbeuterischen Lohnsystems. Bernstein habe diesen Zweck aufgegeben und das Mittel des Klassenkampfs, die Reformen, zum Selbstzweck gemacht. Damit habe er im Grunde die Mission der SPD für historisch überholt erklärt. Die SPD gäbe sich selbst auf, würde sie dem folgen. Die Marx'sche Krisentheorie bleibe aktuell, da das Wachstum der Produktivkräfte im Kapitalismus zwangsläufig periodische Absatzkrisen erzeuge und Kredite und Unternehmerorganisationen diese Krisen nur auf zwischenstaatliche Konkurrenz verlagerten, aber nicht aufhöben. Sie forderte die „Revisionisten" auf, die SPD zu verlassen, weil sie das Parteiziel aufgegeben hätten. Dafür fand sie viel Zustimmung in der SPD. Mehrere SPD-Wahlkreise beantragten den Ausschluss der Revisionisten.

Beim Reichsparteitag in Hannover (9.–17. Oktober 1899) bekräftigte Bebel als Hauptredner das Erfurter Programm, die freie und kritische Diskussion über die Marx'sche Theorie und lehnte den Ausschluss der Revisionisten ab. Rosa Luxemburg stimmte ihm weitgehend zu: Da die Revisionisten die SPD-Position ohnehin nicht bestimmten, sei ihr Ausschluss nicht notwendig. Es genüge, sie ideologisch in die Schranken zu weisen. Eine proletarische Revolution bedeute die Aussicht auf ein Geringstmaß an Gewalt; wieweit diese notwendig werde, bestimme

der Gegner. Seit dieser innerparteilichen Auseinandersetzung war Rosa Luxemburg als scharf-
züngige und intelligente Gegnerin der „Revisionisten" bekannt, geachtet und zum Teil auch
gefürchtet. Sie erfuhr als Jüdin aus dem Ausland viel Ablehnung in der SPD.

1900 starb ihr Vater. Auf ihr Verlangen zog Leo Jogiches zu ihr nach Berlin. Sie löste ihre
Ehe mit Gustav Lübeck auf. 1903 wurde sie Mitglied im Internationalen Sozialistischen Bu-
reau. Im Reichstagswahlkampf 1903 behauptete Kaiser Wilhelm II., er verstehe die Probleme
der deutschen Arbeiter besser als jeder Sozialdemokrat. Darauf antwortete Rosa Luxemburg in
einer Wahlkampfrede: „Der Mann, der von der guten und gesicherten Existenz der deutschen
Arbeiter spricht, hat keine Ahnung von den Tatsachen." Dafür wurde sie im Juli 1904 wegen
„Majestätsbeleidigung" zu drei Monaten Gefängnis verurteilt, von denen sie sechs Wochen ver-
büßen musste. 1904 kritisierte sie in der russischen Zeitung Iskra erstmals Lenins zentrali-
stisches Parteikonzept (Organisationsfragen der russischen Sozialdemokratie). Als Vertreterin
der SPD und der SDKPiL setzte sie beim Kongress der Zweiten Internationale in Amsterdam
klassenkämpferische gegen reformistische Positionen durch. 1905 wurde sie Redakteurin bei
der SPD-Parteizeitung Vorwärts. Im Dezember 1905 reiste sie unter dem Pseudonym „Anna
Matschke" mit Leo Jogiches nach Warschau, um die russische Revolution 1905 zu unterstützen
und die SDKPiL zur Teilnahme daran zu bewegen. Im März 1906 wurde sie verhaftet. Es gelang
ihr, ein Kriegsgerichtsverfahren mit drohender Todesstrafe abzuwenden. Nach ihrer Freilassung
gegen eine hohe Kaution reiste sie nach Petersburg und traf dort russische Revolutionäre, darunter Lenin.

In diesem Zusammenhang warfen polnische Nationalisten (Roman Dmowski, Andrzej Niemojewski) ihr öffentlich vor, sie lenke den „jüdischen" internationalistischen Flügel der Sozialdemokratie, der eine Verschwörung zur Zerstörung Kongresspolens betreibe. Der Antisemit
Niemojewski machte das Judentum für den Sozialismus verantwortlich. Rosa Luxemburg erreichte daraufhin, dass führende westeuropäische Sozialdemokraten (der Franzose Jean Jaurès
sowie August Bebel, Karl Kautsky, Franz Mehring) gemeinsam den Antisemitismus als Ideolo-
gie des reaktionären Bürgertums verwarfen.

Sie warnte frühzeitig vor einem kommenden Krieg der europäischen Großmächte, griff immer stärker den deutschen Militarismus und Imperialismus an und versuchte, ihre Partei zu
einem energischen Gegenkurs zu verpflichten. 1906 wurde sie auf Antrag der Staatsanwaltschaft
Weimar wegen „Anreizung verschiedener Klassen der Bevölkerung zu Gewalttätigkeiten" in einer SPD-Parteitagsrede zu zwei Monaten Haft verurteilt, die sie voll verbüßte. Ihre Erfahrungen mit der russischen Revolution verarbeitete sie nach ihrer Rückkehr nach Deutschland in
der Schrift Massenstreik, Partei und Gewerkschaften (1906). Um die „internationale Solidarität
der Arbeiterklasse" gegen den Krieg einzuüben, forderte sie darin von der SPD die Vorbereitung des Generalstreiks nach polnisch-russischem Vorbild. Zugleich setzte sie ihr internationales Engagement fort und nahm 1907 mit Leo Jogiches am fünften Parteitag der russischen
Sozialdemokraten in London teil. Beim folgenden Kongress der Zweiten Internationale in Stuttgart brachte sie erfolgreich eine Resolution ein, die gemeinsames Handeln aller europäischen
Arbeiterparteien gegen den Krieg vorsah.

Ab 1907 unterhielt sie eine mehrjährige Liebesbeziehung zu Kostja Zetkin, aus der etwa 600
Briefe erhalten sind.

Ebenfalls ab 1907 lehrte sie als Dozentin für Wirtschaftsgeschichte und Nationalökonomie an
der SPD-Parteischule in Berlin, 1911 kam noch das auf ihre Anregung hin eingeführte Unter-
richtsfach „Geschichte des Sozialismus" hinzu. Einer ihrer Schüler war der spätere KPD-Grün-
der und DDR-Präsident Wilhelm Pieck. Als die SPD sich beim Aufstand der Herero und Nama
in Deutsch-Südwestafrika, dem heutigen Namibia, klar gegen den Kolonialismus und Imperialismus des Kaiserreichs aussprach, verlor sie bei der Reichstagswahl 1907 – den sogenannten
„Hottentotten-Wahlen" – rund ein Drittel ihrer Reichstagssitze. Doch den Generalstreik als politisches Kampfmittel lehnten SPD- und Gewerkschaftsführung weiterhin strikt ab. Darüber
zerbrach 1910 Rosa Luxemburgs Freundschaft mit Karl Kautsky. Damals machten Berichte der
New York Times über den Sozialistenkongress in Magdeburg sie auch in den USA bekannt.

1912 reiste sie als Vertreterin der SPD zu europäischen Sozialistenkongressen, darunter dem in Paris, wo sie und Jean Jaurès die europäischen Arbeiterparteien zu einer feierlichen Verpflichtung brachten, beim Kriegsausbruch zum Generalstreik aufzurufen. Als der Balkankrieg 1913 fast schon einen Weltkrieg auslöste, organisierte sie Demonstrationen gegen den Krieg. In zwei Reden in Frankfurt-Bockenheim am 25. September und in Fechenheim bei Frankfurt am Main am 26. September 1913 rief sie eine Menge von Hunderttausenden zu Kriegsdienst- und Befehlsverweigerung auf: „Wenn uns zugemutet wird, die Mordwaffen gegen unsere französischen oder anderen ausländischen Brüder zu erheben, so erklären wir: ‚Nein, das tun wir nicht!'" Daher wurde sie der „Aufforderung zum Ungehorsam gegen Gesetze und Anordnungen der Obrigkeit" angeklagt und im Februar 1914 zu insgesamt 14 Monaten Gefängnis verurteilt. Ihre Rede vor der Frankfurter Strafkammer wurde später unter dem Titel Militarismus, Krieg und Arbeiterklasse veröffentlicht. Vor dem Haftantritt konnte sie Ende Juli noch an einer Sitzung des Internationalen Sozialistischen Büros teilnehmen. Dort erkannte sie ernüchtert: Auch in den europäischen Arbeiterparteien, vor allem den deutschen und französischen, war der Nationalismus stärker als das internationale Klassenbewusstsein.

Engagement während des Ersten Weltkrieges (1914-1918)

Am 2. August, in Reaktion auf die Kriegserklärung des Deutschen Reiches an Russland und Frankreich vom Vortag, erklärten die deutschen Gewerkschaften einen Streik- und Lohnverzicht für die gesamte Dauer des bevorstehenden Krieges. Am 4. August 1914 stimmte die SPD-Reichstagsfraktion einstimmig und gemeinsam mit den übrigen Reichstagsfraktionen für die Aufnahme der ersten Kriegskredite und ermöglichte damit die Mobilmachung. Rosa Luxemburg erlebte diesen Bruch der SPD-Vorkriegsbeschlüsse als schweres, folgenreiches Versagen der SPD und dachte deswegen kurze Zeit an Selbstmord. Aus ihrer Sicht hatte der Opportunismus, den sie immer bekämpft hatte, gesiegt und das Ja zum Krieg nach sich gezogen.

Am 5. August gründete sie mit Hermann Duncker, Hugo Eberlein, Julian Marchlewski, Franz Mehring, Ernst Meyer und Wilhelm Pieck die „Gruppe Internationale", der sich wenig später unter anderem auch Karl Liebknecht anschloss. Darin sammelten sich diejenigen Kriegsgegner der SPD, die deren Stillhaltepolitik komplett ablehnten. Sie versuchten, die Partei zur Rückkehr zu ihren Vorkriegsbeschlüssen und zur Abkehr von der Burgfriedenspolitik zu bewegen, einen Generalstreik für einen Friedensabschluss vorzubereiten und so auch einer internationalen proletarischen Revolution näherzukommen. Daraus ging 1916 die reichsweite „Spartakusgruppe" hervor, deren Spartakusbriefe Rosa Luxemburg und Karl Liebknecht gemeinsam herausgaben.

Rosa Luxemburg musste am 18. Februar 1915 die Haftstrafe im Berliner Weibergefängnis antreten, die sie für ihre in Frankfurt am Main gehaltene Rede erhalten hatte. Ein Jahr später wurde sie entlassen. Schon drei Monate später wurde sie nach dem damaligen Schutzhaft-Gesetz zur „Abwendung einer Gefahr für die Sicherheit des Reichs" zu insgesamt zweieinhalb Jahren Zuchthaus verurteilt. Im Juli 1916 begann ihre „Sicherungsverwahrung". Drei Jahre und vier Monate verbrachte sie zwischen 1915 und 1918 im Gefängnis. Sie wurde zweimal verlegt, zuerst nach Wronke nahe Posen, dann nach Breslau. Dort sammelte sie Nachrichten aus Russland und verfasste einige Aufsätze, die ihre Freunde herausschmuggelten und illegal veröffentlichten. In ihrem Aufsatz Die Krise der Sozialdemokratie, erschienen im Juni 1916 unter dem Pseudonym Junius, rechnete sie mit der „bürgerlichen Gesellschaftsordnung" und der Rolle der SPD ab, deren reaktionäres Wesen der Krieg offenbart habe. Lenin kannte diese Schrift und antwortete positiv darauf, ohne zu ahnen, wer sie verfasst hatte.

Im Februar 1917 weckte der revolutionäre Sturz des Zaren in Russland Hoffnungen auf ein baldiges Kriegsende. Die Provisorische Regierung setzte den Krieg gegen Deutschland jedoch fort. Dort kam es im März in vielen Städten zu monatelangen Protesten und Massenstreiks: zuerst gegen die Mangelwirtschaft, dann gegen Lohnverzicht und schließlich gegen den Krieg und die Monarchie. Im April 1917 erfolgte der Kriegseintritt der USA. Nun gründeten die Kriegsgegner, die die SPD ausgeschlossen hatte, die Unabhängige Sozialdemokratische Partei

Deutschlands, die rasch Zulauf gewann. Obwohl der Spartakusbund die Parteispaltung bis dahin abgelehnt hatte, trat er nun der neuen Linkspartei bei. Er behielt seinen Gruppenstatus, um weiterhin konsequent für eine internationale sozialistische Revolution werben zu können. Diesem Ziel folgten nur wenige USPD-Gründer.

Während die SPD-Führung erfolglos versuchte, die Oberste Heeresleitung (OHL) zu Friedensverhandlungen mit US-Präsident Woodrow Wilson zu gewinnen, ermöglichte diese Lenin die Durchreise aus seinem Schweizer Exil nach Sankt Petersburg. Dort gewann er die Führung der Bolschewiki und bot den Russen einen sofortigen Separatfrieden mit Deutschland an. Damit gewannen die Bolschewiki eine Mehrheit im Volkskongress, doch nicht in der Duma, dem russischen Nationalparlament. In der Oktoberrevolution besetzten sie es, lösten es auf und setzten die Arbeiterräte (Sowjets) als Regierungsorgane ein.

Rosa Luxemburg ließ sich fortlaufend über diese Ereignisse informieren und schrieb dazu den Aufsatz Zur russischen Revolution. Darin begrüßte sie Lenins Revolution, kritisierte aber zugleich scharf seine Strategie und warnte vor einer Diktatur der Bolschewiki. In diesem Zusammenhang formulierte sie den berühmten Satz: „Freiheit ist immer Freiheit des Andersdenkenden." Erst 1922 veröffentlichte ihr Freund Paul Levi diesen Aufsatz. Trotz ihrer Vorbehalte rief sie nun unermüdlich zu einer deutschen Revolution nach russischem Vorbild auf und forderte eine „Diktatur des Proletariats", grenzte diesen Begriff aber gegen Lenins Avantgardekonzept ab. Sie verstand darunter die demokratische Eigenaktivität der Arbeiter im Revolutionsprozess, Betriebsbesetzungen, Selbstverwaltung und politische Streiks bis zur Verwirklichung sozialistischer Produktionsverhältnisse.

Novemberrevolution und KPD-Gründung (1918-1919)

Im Januarstreik 1918 bildeten sich in vielen bestreikten Betrieben eigenständige Arbeitervertreter heraus, die revolutionären Obleute. Immer mehr Deutsche lehnten die Fortsetzung des Krieges ab. Nach dem Durchbruch der Triple Entente an der Westfront am 8. August 1918 beteiligte die kaiserliche Regierung auf Verlangen der Obersten Heeresleitung (OHL) am 5. Oktober erstmals den Reichstag an ihren Entscheidungen. Max von Baden wurde Reichskanzler, mehrere Sozialdemokraten traten in die Regierung ein. Diese bat die Entente um Waffenstillstandsverhandlungen. Die Spartakisten sahen diese Verfassungsänderung als Täuschungsmanöver zur Abwehr der kommenden Revolution und stellten am 7. Oktober reichsweit ihre Forderungen nach einem grundlegenden Umbau der Gesellschafts- und Staatsordnung.

Die Novemberrevolution erreichte am 9. November Berlin, wo Philipp Scheidemann eine deutsche, der vorzeitig aus dem Gefängnis entlassene Karl Liebknecht eine sozialistische Republik ausriefen. Rosa Luxemburg wurde am 8. November aus der Breslauer Haft entlassen und traf am 10. November in Berlin ein. Karl Liebknecht hatte bereits den Spartakusbund reorganisiert. Beide gaben gemeinsam die Zeitung Die Rote Fahne heraus, um täglich auf die Entwicklung Einfluss zu nehmen. In einem ihrer ersten Artikel forderte Rosa Luxemburg eine Amnestie für alle politischen Gefangenen und die Abschaffung der Todesstrafe. Am 18. November schrieb sie: „Der Bürgerkrieg, den man aus der Revolution mit ängstlicher Sorge zu verbannen sucht, läßt sich nicht verbannen. Denn Bürgerkrieg ist nur ein anderer Name für Klassenkampf, und der Gedanke, den Sozialismus ohne Klassenkampf, durch parlamentarischen Mehrheitsbeschluß einführen zu können, ist eine lächerliche kleinbürgerliche Illusion." Sie trat nach der Erinnerung Wilhelm von Bodes damals für den Schutz der Berliner Kulturgüter gegen Plünderer ein und sorgte dafür, dass eine Wache für die Berliner Museumsinsel abgestellt wurde.

Ebert hatte sich am Abend des 10. November mit Ludendorffs Nachfolger, General Wilhelm Groener, im Ebert-Groener-Pakt heimlich auf eine Zusammenarbeit gegen Versuche einer Entmachtung der kaiserlichen Offiziere und weitergehenden Revolution verständigt und beorderte Anfang Dezember ehemalige Fronttruppen nach Berlin. Diese sollten unerwünschte Ergebnisse des geplanten Reichsrätekongresses vereiteln, der eine neue Verfassung und Wahlen vorbereiten sollte. Am 6. Dezember erschossen Soldaten dieser Truppen bei Straßenkämpfen demonstrierende Arbeiter. Am 10. Dezember zog die Garde-Kavallerie-Schützen-Division in

Berlin ein. Rosa Luxemburg vermutete, dass Ebert diese Reichswehreinheiten gegen Berliner Arbeiter einzusetzen vorhatte, und forderte daraufhin im Artikel Was will der Spartakusbund? am 14. Dezember in der Roten Fahne alle Macht für die Räte, die möglichst gewaltlose Entwaffnung und die Umerziehung der heimgekehrten Soldaten.

Beim Reichsrätekongress vom 16. bis zum 20. Dezember waren nur zehn Spartakisten vertreten. Rosa Luxemburg und Karl Liebknecht erhielten kein Rederecht. Eine Mehrheit stimmte gemäß dem breiten Bevölkerungswillen für parlamentarische Wahlen zur Weimarer Nationalversammlung am 19. Januar 1919 und die Selbstauflösung der Arbeiterräte. Eine Kontrollkommission sollte das Militär überwachen, eine Sozialisierungskommission sollte die vielfach geforderte Enteignung kriegswichtiger Großindustrie beginnen.

Infolge der Weihnachtskämpfe vom 24. Dezember verließen die Mitglieder der USPD am 29. Dezember den Rat der Volksbeauftragten. Am 1. Januar 1919 gründeten die Spartakisten und andere linkssozialistische Gruppen aus dem ganzen Reich die KPD. Diese nahm Rosa Luxemburgs Spartakusprogramm kaum verändert als Parteiprogramm an. Darin betonte sie, dass Kommunisten die Macht niemals ohne erklärten mehrheitlichen Volkswillen ergreifen würden. Ihre dringende Empfehlung, an den kommenden Parlamentswahlen teilzunehmen, um auch dort für eine Fortsetzung der Revolution zu werben, lehnte eine deutliche Parteitagsmehrheit ab.

Als Ebert am 4. Januar 1919 den Berliner Polizeipräsidenten Emil Eichhorn (USPD) absetzte, Gustav Noske mit der Aufstellung und Herbeirufung von Freikorps beauftragte und dieser immer mehr Militär um Berlin zusammenzog, riefen Revolutionäre Obleute am 5. Januar zu einem Generalstreik auf und besetzten das Berliner Zeitungsviertel, um zum Sturz der restlichen Übergangsregierung aufzurufen. Während Karl Liebknecht sie unterstützte und die KPD erfolglos Berliner Regimenter zur Teilnahme zu bewegen versuchte, hielt Rosa Luxemburg diesen zweiten Revolutionsversuch für mangelhaft vorbereitet und verfrüht und kritisierte Liebknecht deswegen intern scharf. In Zeitungen kursierten seit Anfang Dezember Mordaufrufe gegen die Spartakusführer; Eduard Stadtler hatte damals mit Geldern der deutschen Bank und von Friedrich Naumann eine „Antibolschewistische Liga" gegründet, deren Antibolschewistenfonds ab 10. Januar 1919 Gelder der deutschen Wirtschaft erhielt. Damit wurden unter anderem die Anwerbung und Ausrüstung der Freikorps sowie Belohnungen zur Festsetzung und Ermordung von Spartakisten bezahlt. Der Vorwärts rief zur „Stunde der Abrechnung" mit ihnen auf. Vermittlungsgespräche zwischen dem Revolutionskomitee und der Übergangsregierung scheiterten. Von Noske befehligte kaiserliche Truppen schlugen den sogenannten Spartakusaufstand vom 8. bis 12. Januar gewaltsam nieder und erschossen Hunderte von Aufständischen, darunter auch viele Unbewaffnete, die sich schon ergeben hatten. Die Spartakusführer mussten untertauchen, blieben aber in Berlin.

In ihren letzten Lebenstagen ging es Rosa Luxemburg gesundheitlich sehr schlecht, trotzdem verfolgte sie noch aktiv das revolutionäre Geschehen. In ihrer letzten Veröffentlichung in der Roten Fahne bekräftigte sie nochmals ihr unbedingtes Vertrauen in die Arbeiterklasse; sie werde aus ihren Niederlagen lernen und sich bald wieder zum „Endsieg" erheben.

Ermordung

Am 15. Januar 1919 nahm eine „Bürgerwehr", die über genaue Steckbriefe verfügte, sie und Karl Liebknecht in einer Wohnung der Mannheimer Straße 27 in Wilmersdorf fest und brachte sie in das Eden-Hotel. Dort residierte der Stab der Garde-Kavallerie-Schützen-Division, der die Verfolgung von Spartakisten in Berlin organisierte. Die Gefangenen wurden nacheinander verhört und dabei schwer misshandelt. Kommandant Waldemar Pabst beschloss mit seinen Offizieren, sie zu ermorden; der Mord sollte nach einer spontanen Tat Unbekannter aussehen. Der am Haupteingang bereitstehende Jäger Otto Wilhelm Runge schlug Rosa Luxemburg beim Verlassen des Hotels mit einem Gewehrkolben zweimal, bis sie bewusstlos war. Sie wurde in einen bereitstehenden Wagen geworfen. Der Freikorps-Leutnant Hermann Souchon sprang bei ihrem Abtransport auf das Trittbrett des Wagens auf und erschoss sie mit einem aufgesetzten Schläfenschuss etwa an der Ecke Nürnberger Straße/Kurfürstendamm (heute Budapester Straße

(Berlin)). Kurt Vogel ließ ihre Leiche in den Berliner Landwehrkanal in der Nähe der heutigen Lichtensteinbrücke werfen.

Marxismus als selbstkritische Methode der Kapitalismusanalyse

Rosa Luxemburg vertrat energisch die Ideen des Kommunistischen Manifests von Karl Marx und Friedrich Engels. Sie fasste deren Theorien jedoch nicht dogmatisch, sondern kritisch auf:

„Marxismus ist eine revolutionäre Weltanschauung, die stets nach neuen Erkenntnissen ringen muss, die nichts so verabscheut wie das Erstarren in einmal gültigen Formen, die am besten im geistigen Waffengeklirr der Selbstkritik und im geschichtlichen Blitz und Donner ihre lebendige Kraft bewahrt."

In zwei Aufsätzen über Marx aktualisierte sie seine Grundideen ganz verschieden. Für die Marx-Biografie von Franz Mehring von 1901 schrieb sie eine Zusammenfassung des Kapital. Darin erklärte sie:

- das Entstehen des Profits aus dem Lohngesetz, das dem Arbeiter immer einen Teil des Gegenwerts seines Produkts vorenthält (Band 1);
- die Konkurrenzgesetze des Marktes, die den Unternehmer zwingen, seinen Profit wiederum gewinnbringend zu „realisieren", sowie das Kreditsystem, das Produktionsprozess und Warenverkehr in Gang hält (Band 2);
- das Gesetz der „durchschnittlichen Profitrate", das die Verteilung des gesellschaftlich produzierten Reichtums bedingt und die zwangsläufig auftretenden „Krisen" in der kapitalistischen Ökonomie hervorruft (Band 3).

Diese Gesetzmäßigkeiten begründeten für sie die grundlegende Klassensolidarität der Kapitaleigner gegenüber den Produzenten, so dass strukturelle Ausbeutung nur durch die Aufhebung von Lohnarbeit und Klassenherrschaft überwindbar sei.

Als Parteidozentin schrieb sie seit 1907, dann 1916 in Haft auch eine allgemeinverständliche Einführung in die Nationalökonomie, die posthum 1925 erschien.

Imperialismustheorie

In ihrem Hauptwerk Die Akkumulation des Kapitals von 1913 entwickelte Rosa Luxemburg ihre Imperialismustheorie. Sie zeigte ähnlich wie früher schon John Atkinson Hobsons Unterkonsumtionstheorie, dass der Imperialismus „eine historische Notwendigkeit, die abschließende Etappe der kapitalistischen Entwicklung sei".

In kritischem Bezug auf die Marx'schen Ausführungen zum Schema der erweiterten Reproduktion (Kapitalakkumulation) im zweiten Band des „Kapital" weist sie unter anderem auch mit Bezug auf Engels' Bemerkungen zu Marx' Manuskripten nach, dass Marx diesen Punkt nicht abschließend und widerspruchsfrei ausgearbeitet habe, sondern vielmehr seiner eigenen Lösung an anderer Stelle, nämlich im dritten Band und in den Theorien über den Mehrwert, widerspricht und seine Lösung eine einfache arithmetische Konstruktion ist. Das Problem besteht dabei schon für Marx in der Frage, wer den Mehrwert, also den zusätzlichen Warenberg, bei gesamtgesellschaftlicher Akkumulation realisiert (kauft). Marx hat das Problem unter anderem mit dem von ihm zuvor verworfenen Konzept der erweiterten Geldproduktion (Bergbaukapital für Gold) zu lösen versucht, dies an anderer Stelle im Kapital jedoch als „abgeschmackt" bezeichnet. Rosa Luxemburg zeigt außerdem theoriegeschichtlich, dass bereits die bürgerliche politische Ökonomie vor Marx intensiv mit diesem Problem gerungen hat und keine Lösung für die fehlende Nachfrage nach dem Mehrprodukt im Abschluss der Akkumulation geben konnte, sondern vielmehr im Interesse der Vermeidung der Krisen die Widersprüche irgendwie politisch vermitteln wollte oder schlichtweg geleugnet hat.

Nachdem weder die Arbeiter noch die Kapitalisten als Konsumenten für das Mehrprodukt, also zur Realisierung des Mehrwerts im Marx'schen Schema der erweiterten Reproduktion in Frage kommen, muss nach Rosa Luxemburg der Markt entsprechend erweitert werden. Das kapitalistische Wachstum wird also immer auf Kosten naturwirtschaftlicher und nichtkapitalistischer Produktionsweisen sowohl innerhalb des eigenen Landes als auch außerhalb gewährleistet. Diese Erweiterung zeichnet sie anhand der Kolonialgeschichte nach: 1. bei Auflösung der Naturalwirtschaft durch zwingende Einführung von Eigentum an Boden und damit Aufteilung der gemeinschaftlich organisierten natürlichen Ressourcen, 2. durch Einführung der Warenwirtschaft, 3. durch Auflösung der Bauernschaft und damit verbunden endlich 4. durch Einführung der großkapitalistischen Produktion, vor allem mit dem Kapital der Kolonialmächte. Die mit den Enteignungen verbundenen blutigen kolonialen Konflikte zur Realisierung des Mehrwerts, zum Beispiel der Opiumkrieg in China, die Kolonialisierung von Südafrika, der Sezessionskrieg und die mit ihm verbundenen Steuerlasten oder auch die nordafrikanischen und kleinasiatischen Kolonialbestrebungen des deutschen Kapitals, werden von ihr dabei umfangreich als geschichtliches Material herangezogen.

Indem sie die Akkumulation des Kapitals, die dessen einziger Zweck ist, damit für nicht systemimmanent lösbar hält, beispielsweise Akkumulation um der Akkumulation willen, also Wachstum der Maschinenbauindustrie zur gesteigerten Produktion von Maschinen ohne abschließenden Konsum, erklärt sie zusammenfassend am Ende ihrer Betrachtung zur Auflösung der einfachen Warenproduktion: „Allgemeines Resultat des Kampfes zwischen Kapitalismus und einfacher Warenwirtschaft ist dies: Das Kapital tritt selbst an Stelle der einfachen Warenwirtschaft, nachdem es die Warenwirtschaft an Stelle der Naturalwirtschaft gesetzt hatte. Wenn der Kapitalismus also von nichtkapitalistischen Formationen lebt, so lebt er genauer gesprochen von dem Ruin dieser Formationen, und wenn er des nichtkapitalistischen Milieus zur Akkumulation unbedingt bedarf, so braucht er es als Nährboden, auf dessen Kosten, durch dessen Aufsaugung die Akkumulation sich vollzieht. Historisch aufgefaßt ist die Kapitalakkumulation ein Prozeß des Stoffwechsels, der sich zwischen der kapitalistischen und den vorkapitalistischen Produktionsweisen vollzieht. Ohne sie kann die Akkumulation des Kapitals nicht vor sich gehen, die Akkumulation besteht aber von dieser Seite genommen im Zernagen und im Assimilieren jener. Die Kapitalakkumulation kann demnach sowenig ohne die nichtkapitalistischen Formationen existieren, wie jene neben ihr zu existieren vermögen. Nur im ständigen fortschreitenden Zerbröckeln jener sind die Daseinsbedingungen der Kapitalakkumulation gegeben. [...] Hier beginnt aber die Sackgasse. Das Endresultat einmal erreicht – was jedoch nur theoretische Konstruktion bleibt –, wird die Akkumulation zur Unmöglichkeit: Die Realisierung und Kapitalisierung des Mehrwerts verwandelt sich in eine unlösbare Aufgabe. In dem Moment, wo das Marxsche Schema der erweiterten Reproduktion der Wirklichkeit entspricht, zeigt es den Ausgang, die historische Schranke der Akkumulationsbewegung an, also das Ende der kapitalistischen Produktion. Die Unmöglichkeit der Akkumulation bedeutet kapitalistisch die Unmöglichkeit der weiteren Entfaltung der Produktivkräfte und damit die objektive geschichtliche Notwendigkeit des Untergangs des Kapitalismus. Daraus ergibt sich die widerspruchsvolle Bewegung der letzten, imperialistischen Phase als der Schlußperiode in der geschichtlichen Laufbahn des Kapitals."

Indem sie den Kolonialismus als zwingende Notwendigkeit des Kapitalismus nachwies, erweiterte und modifizierte sie auch die Marx'sche Krisentheorie: „Es schließt dagegen den tiefen fundamentalen Widerstreit zwischen Produktionsfähigkeit und Konsumtionsfähigkeit der kapitalistischen Gesellschaft aus, der sich gerade aus der Kapitalakkumulation ergibt, der sich periodisch in Krisen Luft macht und der das Kapital zur beständigen Markterweiterung antreibt."

Nur so lässt sich ihrer Meinung nach überhaupt die Geschichte des Kapitalismus im 19. Jahrhundert richtig nachvollziehen. „Das Schema setzt also eine Bewegung des Gesamtkapitals voraus, die dem tatsächlichen Gang der kapitalistischen Entwicklung widerspricht. Die Geschichte der kapitalistischen Produktionsweise wird durch zwei Tatsachen auf den ersten Blick charakterisiert: einerseits periodische sprungweise Expansion des ganzen Produktionsfeldes, andererseits höchst ungleichmäßige Entwicklung verschiedener Produktionszweige. Die Geschichte der englischen Baumwollindustrie, das charakteristischste Kapitel in der Geschichte der kapitalistischen Produktionsweise seit dem letzten Viertel des 18. bis in die 70er-Jahre des 19. Jahrhunderts, erscheint vom Standpunkte des Marxschen Schemas völlig unerklärlich."

Bekämpfung des Reformismus

Auf dem Weg zur Massenpartei wuchs in der SPD seit 1890 eine Schicht von Abgeordneten heran, die von ihren Posten lebten. Als Bernstein ab 1896 seine Artikelreihe zur Revision der angeblich Marx'schen Zusammenbruchstheorie veröffentlichte, drückte er auch ihre Interessenlage aus. Er folgerte aus dem zeitweiligen Ausbleiben von Krisen, dass der Kapitalismus sich als unerwartet dauerhaft erwiesen habe. Die SPD müsse ihre revolutionären Ziele daher aufgeben und sich ganz auf Verbesserung der Lebensbedingungen der Arbeiter konzentrieren:

„Das Ziel ist mir nichts, die Bewegung ist alles."

Rosa Luxemburgs Broschüre Sozialreform oder Revolution fasste ihre Antwort darauf zusammen:

- Hätte Bernstein recht, wäre die Sozialdemokratie überflüssig. Auf die automatische gerechte Verteilung des gesellschaftlichen Reichtums zu warten, sei jedoch Utopie und verurteile die SPD wie Don Quichotte zum Scheitern.
- Kartelle, Trusts, Aktiengesellschaften bewiesen nicht die allmähliche Selbstkontrolle und Demokratisierung des Kapitals, sondern seien Teil seines Konzentrationsprozesses.
- Da die Produktivität ständig wachse, während der Weltmarkt natürliche Grenzen habe, seien Krisen unausweichlich. Deren zeitweiliges Ausbleiben – das Deutsche Reich erlebte damals bis 1910 eine längere Hochkonjunktur – widerlege Marx aber nicht.
- Gewerkschaften könnten nur im Rahmen des Lohngesetzes ein möglichst großes Stück vom „Kuchen" des Unternehmerprofits abzuschneiden versuchen, aber so die Ausbeutung nie überwinden.
- Die Sozialdemokratie sei in der bürgerlichen Gesellschaft nur geduldet, solange sie stillhalte. Erst im Zusammenbruch des kapitalistischen Systems werde man sie an der Macht beteiligen.
- Deshalb sei und bleibe die Revolution unbedingt notwendig. Die SPD müsse die Führung im Aufbau des nötigen Klassenbewusstseins übernehmen und die Selbsttätigkeit der Arbeiter fördern, nicht blockieren.

Diese Sätze, die einige der kommenden Entwicklungen voraussahen, wurden damals von vielen Partei- und Gewerkschaftsfunktionären abgelehnt, die sich Anerkennung durch Anpassung im Kaiserreich und Stimmengewinne durch Verzicht auf Revolution erhofften. Rosa Luxemburg stellte die Umwälzung der Produktionsverhältnisse damit nicht gegen den Alltagskampf für bessere Lebensbedingungen, sondern vertrat ein Ineinandergreifen von Reform und Revolution im proletarischen Selbstbefreiungskampf. Reformen sollten auch das politische Bewusstsein der Arbeiter bilden und eine Vereinnahmung der SPD zum Erhalt der Klasse des Bürgertums verhindern.

Kritische Solidarität mit der Oktoberrevolution

Nach dem Sturz des Zaren infolge der Februarrevolution 1917 schrieb Rosa Luxemburg den Artikel Die Revolution in Russland. Darin hob sie die treibende Kraft des russischen Proletariats bei den Ereignissen hervor. Seine Machtentfaltung habe zunächst die liberale Bourgeoisie an die Spitze der revolutionären Bewegung gestoßen. Seine Aufgabe sei nun, den imperialistischen Krieg zu beenden. Dazu müsse es die eigene Bourgeoisie bekämpfen, die den Krieg unbedingt brauche und fortsetzen wolle. Dieser habe Russland reif für die sozialistische Revolution gemacht.

Damit sah sie voraus, dass nur eine weitere Revolution im Russischen Reich den Krieg beenden würde. Denn die Menschewiki wollten wie deutsche und französische Sozialdemokraten weiter Vorteile für ihr Land erobern. Aber weil das städtische Industrieproletariat in Russland anteilig viel kleiner als das rückständige ländliche Kleinbauerntum war, hielt Rosa Luxemburg wie Lenin eine analoge deutsche Revolution für unabdingbar, um mit dem Kriegsende zugleich die Voraussetzungen für den Sozialismus in beiden Ländern zu schaffen. Dazu wollte sie die gesamteuropäische Arbeiterbewegung nach Kräften praktisch zusammenführen.

Rosa Luxemburg begrüßte Lenins Revolutionsversuch, nachdem er die verfassunggebende Versammlung gewaltsam hatte auflösen lassen. Sie kritisierte aber, dass die Bolschewiki jede parlamentarische Kontrolle ihrer Politik damit außer Kraft setzten. Sie erkannte, dass Lenin nicht nur andere Parteien, sondern auch die Demokratie in der eigenen Partei zu unterdrücken begann. Dies bedrohe die unbedingt nötige Mitwirkung und Führung der Arbeiter beim Aufbau des Sozialismus. Darum kritisierte sie nach der Oktoberrevolution die Tendenz der Bolschewiki zur Parteidiktatur mit den berühmten Sätzen: „Freiheit nur für die Anhänger der Regierung, nur für Mitglieder einer Partei – mögen sie noch so zahlreich sein – ist keine Freiheit. Freiheit ist immer Freiheit des anders Denkenden. Nicht wegen des Fanatismus der ‚Gerechtigkeit‘, sondern weil all das Belebende, Heilsame und Reinigende der politischen Freiheit an diesem Wesen hängt und seine Wirkung versagt, wenn die ‚Freiheit‘ zum Privilegium wird.“

Bei der Freiheit des Andersdenkenden dachte Luxemburg allerdings nicht an „Klassenfeinde“ oder „Klassenverräter“, betont der Historiker Heinrich August Winkler. Nicht eine liberale Demokratie, sondern ein sozialistischer Pluralismus habe ihr vorgeschwebt.

In einer scharfen Auseinandersetzung mit der Diktaturtheorie von Lenin und Trotzki fährt sie fort und führt aus, dass diese auf der einen Seite, wie Kautsky andererseits, den Grundfehler begehen, die Diktatur der Demokratie entgegenzustellen. Dabei wären es zwei Gegenpole, die gleich weit entfernt von der wirklichen sozialistischen Politik sind. „Das Proletariat kann, wenn es die Macht ergreift, nimmermehr nach dem guten Rat Kautskys […] auf die soziale Umwälzung verzichten und sich nur der Demokratie widmen, ohne an sich selbst, an der Revolution Verrat zu üben. Es soll und muß eben sofort sozialistische Maßnahmen in energischster, unnachgiebigster, rücksichtslosester Weise in Angriff nehmen, also Diktatur ausüben; aber Diktatur der KLASSE, nicht einer Partei oder Clique, Diktatur der Klasse, d. h. in breitester Öffentlichkeit, unter tätigster ungehemmter Teilnahme der Volksmassen, in unbeschränkter Demokratie.“

Weiter führt sie aus, dass es weder um den Götzendienst an der formalen Demokratie noch am Sozialismus oder Marxismus gehe, vielmehr müsse der „herbe Kern der sozialen Ungleichheit und Unfreiheit unter der süßen Schale der formalen Gleichheit und Freiheit“ mit neuen sozialen Inhalten gefüllt werden. In diesem Sinne definiert sie den marxistischen Begriff der

Diktatur des Proletariats: „Es ist die historische Aufgabe des Proletariats, wenn es zur Macht gelangt, an Stelle der bürgerlichen Demokratie sozialistische Demokratie zu schaffen, nicht jegliche Demokratie abzuschaffen. [...] Sozialistische Demokratie beginnt zugleich mit dem Abbau der Klassenherrschaft und dem Aufbau des Sozialismus. Sie beginnt mit dem Moment der Machteroberung durch die sozialistische Partei. Sie ist nichts anderes als die Diktatur des Proletariats. Jawohl: Diktatur! Aber diese Diktatur besteht in der Art der Verwendung der Demokratie, nicht in ihrer Abschaffung, in energischen, entschlossenen Eingriffen in die wohlerworbenen Rechte und wirtschaftlichen Verhältnisse der bürgerlichen Gesellschaft, ohne welche sich die sozialistische Umwälzung nicht verwirklichen läßt. Aber diese Diktatur muß das Werk der Klasse, und nicht einer kleinen, führenden Minderheit im Namen der Klasse sein, d. h. sie muß auf Schritt und Tritt aus der aktiven Teilnahme der Massen hervorgehen, unter ihrer unmittelbaren Beeinflussung stehen, der Kontrolle der gesamten Öffentlichkeit unterstehen, aus der wachsenden politischen Schulung der Volksmassen hervorgehen."

Das Dilemma, in dem sie die russische Revolution im historischen Kontext sah, erklärte sie aus dem „völligen Versagen des internationalen Proletariats" – vor allem der SPD – gegenüber dem imperialistischen Krieg. Trotz aller nötigen und berechtigten Kritik bleibe es Lenins Verdienst, die Revolution gewagt zu haben. Damit habe er den welthistorischen Gegensatz zwischen Arbeit und Kapital international aufgerissen und bewusst gemacht. Dabei rechtfertigte sie auch seine ihr damals erst anfänglich bekannten Gewaltmaßnahmen: „Der Sozialismus [...] hat [...] zur Voraussetzung eine Reihe von Gewaltmaßnahmen – gegen Eigentum [...] Wer sich dem Sturmwagen der sozialistischen Revolution entgegenstellt, wird mit zertrümmerten Gliedern am Boden liegenbleiben."

Nunmehr werde es zur „geschichtlichen Verantwortung" der deutschen Arbeiter, ebenfalls aufzustehen, um den Krieg zu beenden. Darum begrüßte sie die deutschen Januarstreiks für Frieden enthusiastisch und versuchte den Deutschen das aus ihrer Sicht latente historische Ziel, den internationalen Sozialismus, aus dem Gefängnis heraus bewusst zu machen.

Als die deutsche Novemberrevolution den Kaiser entmachtet hatte, agitierte sie sofort wieder für die proletarische Revolution: „Die Abschaffung der Kapitalsherrschaft, die Verwirklichung der sozialistischen Gesellschaftsordnung – dies und nichts Geringeres ist das geschichtliche Thema der gegenwärtigen Revolution. Ein gewaltiges Werk, das nicht im Handumdrehen durch ein paar Dekrete von oben herab vollbracht, das nur durch die eigene bewusste Aktion der Masse der Arbeitenden in Stadt und Land ins Leben gerufen, das nur durch höchste geistige Reife und unerschöpflichen Idealismus der Volksmassen durch alle Stürme glücklich in den Hafen gebracht werden kann."

Nach der Entmachtung des „Vollzugsrats" durch Ebert forderte sie die Arbeiter- und Soldatenräte am 10. Dezember 1918 zur Machtübernahme auf. Die Räterepublik sei das natürliche Programm der Revolution. Doch vom Soldaten – dem „Gendarmen der Reaktion" – zum revolutionären Proletarier sei noch ein weiter Weg. Das Militär, das bisher dem „Vaterland" diente, müsse erst noch lernen, seine Macht dem Gemeinwohl unterzuordnen, und dazu der politischen Kontrolle der Arbeiterräte unterstellt werden.

Eberts Geheimpakt mit Reichswehrgeneral Groener verhinderte dies in den Weihnachtsunruhen. Daraufhin gründeten die radikalen linken Gruppen die KPD. Rosa Luxemburg warb erfolglos für deren Teilnahme an den Wahlen zum Weimarer Reichstag, um auch dort auf Fortsetzung der Revolution hinzuwirken.

Dialektik des Klassenkampfs und Aufgabe der Arbeiterparteien

Rosa Luxemburg verstand Geschichte mit Marx und Engels als dauernden Klassenkampf. Darin sei eine Tendenz zur Erkenntnis der Ausbeutungsursachen und damit zur revolutionären Umwälzung der Verhältnisse angelegt: „Die moderne proletarische Klasse führt ihren Kampf nicht nach irgendeinem fertigen, in einem Buch, in einer Theorie niedergelegten Schema; der moderne Arbeiterkampf ist ein Stück in der Geschichte, ein Stück der Sozialentwicklung, und mitten in der Geschichte, mitten in der Entwicklung, mitten im Kampf lernen wir, wie wir kämpfen müssen."

In diesem revolutionären Lernprozess trieben Spontaneität und Organisation der Arbeiterklasse sich gegenseitig vorwärts. Beide sind für Rosa Luxemburg untrennbare „Momente" desselben Prozesses, die einander bedingen. Denn ungeplante Aktionen – zum Beispiel wilde Streiks gegen Lohnkürzungen – reagierten auf aktuelle Herausforderungen. In diesem elementaren Kampf würden die Arbeiter allmählich die historischen Aufgaben und Ziele ihrer Klasse erkennen. Diese Einsicht werde ihren Kampf wiederum auf eine höhere Stufe heben und zur Bildung von Organisationen führen, zum Beispiel Gewerkschaften. Diese würden ihr Handeln auf langfristig geplante Ziele hin orientieren und bündeln, beispielsweise Tarifverträge. Die darin enthaltene Tendenz zur Überwindung der Ausbeutung bewusst zu machen und zu fördern, sei Aufgabe der Arbeiterpartei. Sie könne sich dabei nicht von der Eigenaktivität der Arbeiter abkoppeln: „Die Arbeiterklasse in allen Ländern lernt erst im Verlaufe ihres Kampfes kämpfen...Die Sozialdemokratie..., die nur die Vorhut des Proletariats ist, ein Teil der ganzen arbeitenden Masse, das Blut aus ihrem Blut und Fleisch von ihrem Fleische, diese Sozialdemokratie sucht und findet die Wege und besonderen Losungen des Arbeiterkampfes lediglich im Maße der Entwicklung dieses Kampfes, wobei sie aus diesem Kampf allein die Hinweise für den weiteren Weg schöpft."

Rosa Luxemburg glaubte also: Ohne Organisation hätten spontane Streiks nur vorübergehend Erfolg, aber keine dauerhafte, die Gesellschaft insgesamt verändernde Kraft und Wirkung. Ohne Eigenaktivität der Arbeiter würden deren Organisationen ihre Stoßrichtung, das politische Ziel des Sozialismus, ebenfalls bald wieder verlieren. Anders als Engels, Kautsky und Lenin sah sie die Arbeiterpartei nicht als reine Wahlpartei noch elitäre Kaderpartei, die aus der „wissenschaftlichen" Einsicht in den Geschichtsverlauf folgt: „Die Sozialdemokratie ist nichts anderes als die Verkörperung des Klassenkampfes des modernen Proletariats, der vom Bewusstsein über seine historischen Konsequenzen getragen wird. Ihr eigentlicher Führer ist in Wirklichkeit die Masse selbst [...] Je mehr sich die Sozialdemokratie entwickelt, wächst, erstarkt, um so mehr nimmt die aufgeklärte Arbeitermasse mit jedem Tage ihre Schicksale, die Leitung ihrer Gesamtbewegung, die Bestimmung ihrer Richtlinien in die eigene Hand. Und wie die Sozialdemokratie im ganzen nur die bewusste Vorhut der proletarischen Klassenbewegung ist, die nach den Worten des Kommunistischen Manifestes in jedem Einzelmoment des Kampfes die dauernden Interessen der Befreiung und jedem partiellen Gruppeninteresse der Arbeiterschaft gegenüber die Interessen der Gesamtbewegung vertritt, so sind innerhalb der Sozialdemokratie ihre Führer um so mächtiger, um so einflussreicher, je klarer und bewusster sie sich selbst nur zum Sprachrohr des Willens und Strebens der aufgeklärten Massen, nur zu Trägern der objektiven Gesetze der Klassenbewegung machen."

Die Partei soll das Proletariat also nicht „vertreten" oder „führen", sondern nur seine „Vorhut" sein. Sie war für Rosa Luxemburg unmöglich von dessen teils spontaner, teils organisierter Eigenbewegung zu trennen, sondern ging aus ihr hervor und drückte sie bewusst aus. Sie habe den Arbeitern nur die Einsicht in die Notwendigkeit des Sozialismus voraus, aber nicht die Mittel, diesen ohne sie zu realisieren. Sie könne die Revolution nicht planen und erzwingen, wenn die Arbeiter nicht selbst dazu bereit, fähig und reif seien. Ihre Aufgabe sei es also, das Bewusstsein der Arbeiter über ihre historische Mission zu schulen, bis sie selbstständig fähig seien, die Produktionsverhältnisse umzuwälzen.

Rosa Luxemburgs marxistische Klassenkampftheorie entstand ihrerseits infolge realer Prozesse: Um 1900 brachen in Europa, besonders in Russland und Polen immer mehr und größere Massenstreiks aus. Sie führten zur russischen Revolution von 1905, in deren Verlauf der Zar dem Volk demokratische Rechte wie die Gründung eigener Parteien zugestehen musste. Diese wiederum bereiteten die nächste Revolution vor, die 1917 den Zaren stürzte. Rosa Luxemburg versuchte, diese Kampferfahrungen für die deutschen Arbeiter fruchtbar zu machen. Darum verlangte sie seit 1905 von der SPD die entschlossene Vorbereitung des politischen Generalstreiks.

Mit dieser Verkoppelung von politischer Parteiorganisation und betrieblicher Arbeiterbildung wollte sie zweierlei abwehren:

- eine Alltagsarbeit der Arbeiterparteien und Gewerkschaften, die das Ziel der internationalen sozialistischen Revolution verliert und aufgibt („Opportunismus", „Revisionismus", „Reformismus");
- Organisationsformen, die abheben, nicht mehr die wahren Arbeiterinteressen vertreten und diktatorisch erstarren („Zentralismus", „Bürokratismus").

Die Selbstorganisation der Räte sollte die Arbeiterparteien dazu stärken, das Gesamtinteresse des Proletariats immer wirksamer durchzusetzen. Verlören sie den Kontakt zu ihrer Basis, würden sie nach Luxemburgs Ansicht zwangsläufig scheitern. Doch sie glaubte daran, dass die inneren Widersprüche des Kapitalismus, der Gegensatz von Kapital und Arbeit, immer wieder die proletarische Revolution auf die politische Tagesordnung setzen würden. Diese selbst, nicht die Partei, werde die Massen zu Revolutionären schulen. Nur im Vertrauen darauf könnten die Arbeiterparteien ihre kurz- und langfristigen Ziele bestimmen und erreichen: „Die Geschichte ist die einzige wahre Lehrmeisterin, die Revolution ist die beste Schule des Proletariats. Sie werden dafür sorgen, dass die ‚kleine Schar' der Meistverleumdeten und -verfolgten Schritt um Schritt zu dem wird, wozu ihre Weltanschauung sie bestimmt: zur kämpfenden und siegenden Masse des revolutionären sozialistischen Proletariats."

Rosa Luxemburg hatte diese Überzeugung in der Zeit der ersten Massenstreiks in Polen gewonnen und fand sie bestärkt durch ähnliche Massenstreiks in Russland, Belgien und Nordeuropa um 1905. Sie hatte der SPD rechtzeitig den länderübergreifenden Generalstreik als politisches Kampfmittel nahezubringen versucht, um den Weltkrieg praktisch zu verhindern. Als dies scheiterte, war sie mit Lenin einig, dass die durch den Krieg zugespitzte Krise zur Revolution führen und genutzt werden müsse. Die neuen Massenstreiks im Kriegsverlauf bestätigten ihr Vertrauen auf die Spontaneität der Arbeiterklasse, die aus ihren Niederlagen lerne: Aus den Enttäuschungen mit der SPD-Führung entstanden neue Formen der Selbstorganisation besonders bei den Arbeitern der deutschen Rüstungsindustrie. Die Spartakisten versuchten, USPD und Rätebewegung unter dem Druck der Illegalität rechtzeitig auf gemeinsames revolutionäres Handeln hin zu orientieren. Doch in der deutschen Novemberrevolution wirkten Spontaneität und Parteiorganisationen nicht aufeinander abgestimmt. Im Ergebnis wurde nur die Monarchie gestürzt und eine bürgerliche Republik begründet, aber die damals vom Reichsrätekongress beschlossene Vergesellschaftung der kriegswichtigen Produktionsmittel blieb aus.

Bekämpfung der falschen Interessenvertretung

Eine Partei, die die Arbeiter in Parlamenten oder einem „Politbüro" „vertritt" und bevormundet, werde zwangsläufig nicht mehr für, sondern gegen sie handeln. Sie werde dann selbst Werkzeug derer, die die Revolution verhindern und ihre Erfolge zurückdrehen wollten. Dann müssten die Arbeiter auch eine so genannte „Arbeiterpartei" bekämpfen.

So schrieb Rosa Luxemburg in der Roten Fahne vom 21. Dezember 1918: „In allen früheren Revolutionen traten die Kämpfer mit offenem Visier in die Schranken… In der heutigen Revolution treten die Schutzgruppen der alten Ordnung nicht unter eigenen Schildern und Wappen der herrschenden Klassen, sondern unter der Fahne einer sozialdemokratischen Partei in die Schranken. Würde die Kardinalfrage der Revolution offen und ehrlich: Kapitalismus oder Sozialismus lauten, ein Zweifel, ein Schwanken wäre in der großen Masse des Proletariats heute unmöglich." – Die Rote Fahne vom 21. Dezember 1918

Darum müssten die Arbeiter den direkten Klassenkampf in der bürgerlichen Demokratie unbedingt fortsetzen: je nach den Umständen in Parlamenten, aber auch gegen sie oder beides zugleich. Tatsächlich verhinderte 1920 nur ein Generalstreik noch einmal eine rechte Militärdiktatur, doch in den Folgejahren war die Arbeiterbewegung in zwei verfeindete Lager gespalten, die sich gegenseitig mehr als den gemeinsamen Gegner bekämpften, so dass sie letztlich nicht in der Lage waren, den Niedergang der Weimarer Republik aufzuhalten.

Glaube an die proletarische Revolution

Am Vorabend ihrer Ermordung schrieb Rosa Luxemburg: „Die Führung hat versagt. Aber die Führung kann und muss von den Massen und aus den Massen heraus neu geschaffen werden. Die Massen sind das Entscheidende, sie sind der Fels, auf dem der Endsieg der Revolution errichtet wird. Die Massen waren auf der Höhe, sie haben diese ‚Niederlage‘ zu einem Glied jener historischen Niederlagen gestaltet, die der Stolz und die Kraft des internationalen Sozialismus sind. Und darum wird aus dieser ‚Niederlage‘ der künftige Sieg erblühen. – ‚Ordnung herrscht in Berlin¡ Ihr stumpfen Schergen! Eure ‚Ordnung‘ ist auf Sand gebaut. Die Revolution wird sich morgen schon ‚rasselnd wieder in die Höhe richten‘ und zu eurem Schrecken mit Posaunenklang verkünden: ‚Ich war, ich bin, ich werde sein!‘“

Der letzte Satz zitiert den 1848er Revolutionär Ferdinand Freiligrath, der die Revolution mit diesem biblischen Ausdruck als wiederkehrenden „roten Faden“ der Geschichte würdigte. Ihre damit verbundene Kritik an der Führung betraf nicht nur Ebert, sondern auch Hugo Haase (USPD) und Liebknecht (KPD), deren Besetzungsaktion im Januar 1919 miserabel geplant war. Eine riesige Menge wartender Demonstranten war damals bereit, die anrückenden Soldaten zu blockieren und zu entwaffnen, wurde aber von den Besetzern nicht einbezogen.

Rosa Luxemburg glaubte – anders als Kautsky und der SPD-Parteivorstand – nicht an einen Determinismus der internationalen Revolution im Gefolge der Verelendung und des Zusammenbruchs der Kapitalherrschaft durch den Krieg. Scheitere der Sozialismus, dann drohe der Menschheit ein Rückfall in unvorstellbare Barbarei. Das Bewusstsein dieses Entweder-oder war die entscheidende Triebfeder ihres Handelns. Dabei hielt sie Rückschläge und Niederlagen des arbeitenden Volkes für dessen Lernprozess für besonders wichtig: Gerade sie könnten das historische Bewusstsein für die unvermeidbare Notwendigkeit der Revolution schärfen. Nicht erst der „Endsieg“, sondern schon der immer neue Versuch, ihn herbeizuführen, sei daher der „Stolz“ der Arbeiterbewegung.

Rosa Luxemburg vertraute also der ständigen Lernfähigkeit arbeitender Menschen, ihrer unzerstörbaren Fähigkeit, ihre Geschichte selbst zu bestimmen und zu einem Ziel zu führen, das alle, nicht nur eine Minderheit, vom Joch der Klassenherrschaft befreie. Dieses Vertrauen schöpfte sie aus den realen historischen Anläufen und sozialen Bewegungen zur Erreichung einer gerechten Weltgesellschaft.

Made in the USA
Monee, IL
08 July 2026

56550070R10049